आख़िर आत्महत्या क्यों?

डॉ. एच.एल. माहेश्वरी

आख़िर आत्महत्या क्यों?

फंडा
funda

राधाकृष्ण प्रकाशन का उपक्रम

ISBN : 978-81-19989-22-5

मूल्य : ₹199

पहला संस्करण : 2024

राधाकृष्ण प्रकाशन का उपक्रम

प्रकाशक
राधाकृष्ण प्रकाशन प्राइवेट लिमिटेड
जी-17, जगतपुरी, दिल्ली-110 051

शाखाएँ : अशोक राजपथ, साइंस कॉलेज के सामने, पटना-800 006
पहली मंजिल, दरबारी बिल्डिंग, महात्मा गांधी मार्ग, प्रयागराज-211 001
1, अनमोल सोराबजी सन्तुक लेन, धोबी तलाव, मरीन लाइंस, मुम्बई-400 002
वेबसाइट : www.radhakrishnaprakashan.com
ई-मेल : info@radhakrishnaprakashan.com

मुद्रक
बी.के. ऑफसेट
नवीन शाहदरा, दिल्ली-110 032

AAKHIR AATMAHATYA KYON?
by Dr. H.L. Maheshwari

प्रस्तावना

दुनिया में प्रतिवर्ष 1 करोड़ लोग आत्महत्या करते हैं, यह संख्या प्रतिवर्ष बढ़ती ही जा रही है। विश्व स्वास्थ्य संगठन की एक रिपोर्ट में बताया गया है कि भारत एक ऐसा देश है जहाँ सबसे अधिक लोग आत्महत्या करते हैं। यहाँ पर वर्ष 2021 में 1,64,033 तथा 2022 में 1,79,044 लोगों ने आत्महत्या की थी और यह सम्भावना की जा रही है कि वर्ष 2023 में यह संख्या 2 लाख के आस-पास तक पहुँच जाएगी। यह क्या कम चिन्तनीय बात है कि हमारे देश में 15 से 29 वर्ष की आयु वर्ग के युवाओं द्वारा आत्महत्या करने की दर पूरी दुनिया से ज़्यादा है।

ईश्वर के दिये इस दुर्लभ जीवन को व्यक्ति क्यों इतनी क्रूरता से समाप्त कर लेता है? क्या ऐसी दुखद घटनाओं को रोका नहीं जा सकता? इस समस्या के मूल कारणों को जानने और उनके समाधान खोजने के प्रयास ने ही 'आख़िर आत्महत्या क्यों?' पुस्तक लिखने के लिए मुझे प्रेरित किया है।

आज की युवा पीढ़ी पर एक ओर रोज़गार पाने का दबाव है तो दूसरी ओर यही उम्र प्रेम और भावुकता की भी होती है, ऐसे में कई बार देखा गया है कि दबाव और भावुकता में युवा घातक क़दम उठा लेते हैं। वे किसी से अपनी परिस्थिति और परेशानियाँ साझा नहीं कर पाते और अन्दर-ही-अन्दर घुटते रहते हैं; और ग़लत क़दम उठाने के लिए चल पड़ते हैं। ऐसे युवा इस पुस्तक को पढ़ेंगे तो उन्हें लगेगा जैसे कोई दोस्त उनकी परेशानियों के बारे में बड़ी ज़िम्मेदारी से उनसे बात कर रहा है। इससे उनका हौसला बढ़ेगा और वे आत्महत्या की सोच को अपने मन में प्रवेश ही नहीं करने देंगे।

यह पुस्तक मनुष्य को विपत्तियों से लड़ने की वैसी ही शक्ति देती है, जैसी शक्ति भगवान राम, सत्यवादी हरिश्चन्द्र और धर्मराज युधिष्ठिर के जीवन चरित्र में मिलती है। महाभारत में जब अर्जुन अवसाद में आए तो कृष्ण उनके चिकित्सक बनकर खड़े हो गए। यह पुस्तक हमें इसी अवसाद से जीवन की ओर ले जाने का रास्ता दिखाती है।

छात्र-छात्राओं में आत्महत्या की तेज़ी से बढ़ती हुई प्रवृत्ति को दृष्टिगत रखते हुए इस पुस्तक के दो अध्याय विशेष तौर पर उनसे सम्बन्धित समस्याओं के सन्दर्भ में लिखे गए हैं।

मैं, अन्तर्मन से निराश, हताश और अवसादग्रस्त लोगों की, जो आत्महत्या करने की सोच रहे हैं या उस ओर क़दम बढ़ाने जा रहे हैं, की मदद करना चाहता हूँ। यदि इस पुस्तक के माध्यम से ऐसे लोगों को मदद मिलती है तो मुझे बहुत ही सन्तुष्टि मिलेगी। यहाँ तक कि यह पुस्तक यदि कुछ व्यक्तियों की जान बचा सकी तो इसे मैं अपने जीवन का पुनीत कार्य समझूँगा और अपने प्रयास को सार्थक मानूँगा।

हम शायद आमने-सामने न मिल पाएँ, लेकिन इस पुस्तक के माध्यम से हम मिल ही रहे हैं। इसने हमारे-आपके बीच एक नया रिश्ता बना दिया है। मेरा आपसे अनुरोध है कि पुस्तक को गम्भीरता से पढ़ें, समझें और अपने एवं अपनों के अनमोल जीवन को नष्ट होने से बचाएँ।

पुस्तक लिखने में मेरी जीवनसंगिनी श्रीमती लक्ष्मी माहेश्वरी, पुत्र डॉ. पंकज एवं पुत्रवधू डॉ. श्रद्धा माहेश्वरी, पुत्री डॉ. सपना माहेश्वरी (यू.के.) द्वारा दिये गए सहयोग एवं प्रेरणा के प्रति उनका आभारी हूँ। आभारी हूँ मैं उन सभी समाचार पत्र-पत्रिकाओं का जिनसे मिली जानकारी पुस्तक लिखने में सहायक रही है। वरिष्ठ साहित्यकार डॉ. शिव चौरसिया से मिले मार्गदर्शन के लिए मैं उनके प्रति अपनी कृतज्ञता व्यक्त करता हूँ।

पुस्तक में लिए गए उदाहरण, उद्धरण, शेर-शायरी, शोध रिपोर्ट्स आदि के स्रोत नोट नहीं कर पाया हूँ, लेकिन उन सभी के प्रति मैं हृदय से आभार व्यक्त करता हूँ।

—डॉ. एच.एल. माहेश्वरी

क्रम

जीवन है तो सब कुछ है

दुनिया के सभी व्यक्ति यह कहते हुए पाए जाते हैं कि यह संसार मिथ्या है, दुःखों का समन्दर है, किन्तु तब भी सभी लोग जी रहे हैं। ऐसा नहीं कि लोग विवशतापूर्वक जी रहे हैं, इच्छापूर्वक जी रहे हैं और अधिक से अधिक समय जीना चाहते हैं। सभी मरने से डरते हैं। कोई मरना नहीं चाहता। कठिन से कठिन परिस्थितियों का मुकाबला कर, कष्टों को सहते हुए भी मनुष्य जीना चाहता है। भीख माँग अपनी गुज़र-बसर करने वाले और अपंग व्यक्ति को भी अपनी जान प्यारी है। स्पष्ट है कि मनुष्य की सबसे प्रिय वस्तु उसका जीवन है।

जब जीवन नष्ट होने की घड़ी आती है, तो वह उसके बदले में बड़ी-से-बड़ी वस्तु देने को तैयार हो जाता है। चाहे कोई कैसी भी दीन-हीन दशा में क्यों न हो, परन्तु यदि मृत्यु का भय उसके सामने उपस्थित हो तो वह उससे बचने का उपाय करता है। इस सम्बन्ध में कुछ उदाहरण प्रस्तुत हैं :

एक लकड़हारा जंगल में लकड़ियाँ इकट्ठी कर रहा था। उसके सिर में फोड़े थे, शरीर बीमार था। गट्ठा भारी था। इतनी लकड़ियाँ उसे दूर के गाँव में सिर पर रखकर बेचने के लिए ले जानी थीं, बिना इसके उसका गुज़ारा नहीं था। जब लकड़हारा गट्ठा बाँध चुका, तो उसने एक लम्बी साँस ली और कहा, 'अच्छा था कि इस दुःख की बजाय मुझे मौत आ जाती।' लकड़हारे का इतना कहना था कि चट से

मौत उसके सामने आ खड़ी हो गई और कहने लगी, 'कहो भाई! तुमने मुझे क्यों बुलाया है? जो कहो सो तुम्हारा काम करने को तैयार हूँ।' मृत्यु को देखकर लकड़हारे के होश उड़ गए। उसने गिड़गिड़ाकर कहा, 'देवी जी, आपका आवाहन मैंने इसलिए किया है कि लकड़ियों का गट्ठा भारी है, यहाँ उठवाने वाला कोई है नहीं, इसलिए आप यह कृपा करें कि इस गट्ठे को उठाने में मुझे सहारा लगा दें, जिससे इसे सिर पर रखकर अपने गाँव को चला जाऊँ।' मृत्यु ने उसका गट्ठा उठवा दिया और मन-ही-मन मुस्कराती हुई अन्तर्धान हो गई।

मैं मौत के साथ भी नहीं जाने वाली

एक बुढ़िया घर में अकेली ही थी जो भी व्यक्ति उससे मिलता उससे वह एक ही शिकायत करती :

'भगवान मुझे बुलाने की चिट्ठी नहीं भेजता।'

एक दिन उसके घर में बड़ा, काला साँप निकला। उसे देख बुढ़िया ज़ोर-ज़ोर से चिल्लाती हुई दौड़ी और उसे पकड़ने और मारने की सबसे गुहार करने लगी। लोगों ने कहा, "माता जी इतनी परेशान क्यों होती हो, आप तो भगवान की चिट्ठी सर्प को ही मान लो।" बुढ़िया बोली, "साँप को पकड़वाए बिना तो मैं मौत के साथ भी नहीं जाने वाली।"

लोग कथनी और करनी की यथार्थता में अन्तर की विवेचना करते हुए साँप को भगाकर चले गए।

सम्पूर्ण राज्य की क़ीमत—केवल एक कमंडल जल

एक राजा रेगिस्तान में सैनिकों से अलग होकर भटक गया। वह 'पानी-पानी-पानी' कहते हुए छटपटा रहा था। संयोगवश वहाँ से गुज़र रहे एक महात्मा ने अपने कमंडल का आधा पानी उसके मुँह में डाल दिया।

राजा पानी पीकर सामान्य हालत में आते ही बोला, "महात्मा जी मैं अपना आधा राज्य आपको समर्पित करता हूँ।"

"राजन! यह बताओ कि यदि तुम्हें जल से अपच हो जाए या तुम मरणासन्न हो जाओ तो इलाज करके नीरोग कराने वाले को क्या दोगे?" महात्मा ने प्रसन्न होकर राजा से पूछा।

"महात्मा जी! बचा हुआ आधा राज्य भी उस 'प्राणरक्षक' को दे दूँगा," राजा ने कहा।

राजा की बात सुनकर महात्मा बोले, "इसका अर्थ है कि तुम्हारे समस्त राज्य का मूल्य मात्र एक कमंडल जल है। ऐसा राज्य लेकर क्या करूँगा? राज्य से मूल्यवान है यह जीवन जिसके लिए शेष आधा राज्य भी तुम देने को तैयार हो गए। इसलिए जीवन को सफल बनाओ," महात्मा बोले। वास्तव में जीवन का कोई मूल्य नहीं है। जीवन है तो सब कुछ है।

दो करोड़ रुपये का एक सन्देश—मानव जीवन है अनमोल

एक कंजूस व्यक्ति ने ज़िन्दगी भर कंजूसी कर दो करोड़ रुपये इकट्ठा कर लिए। इस धन की वज़ह से वह दो वर्ष तक बगैर कोई काम-धन्धा किये चैन की बंसी बजाने के सपने देखने लगा, लेकिन इसी बीच यमदूत ने उसका दरवाज़ा खटखटाया। उस व्यक्ति ने यमदूत से कुछ समय देने की प्रार्थना की, परन्तु यमदूत टस-से-मस नहीं हुआ, अपनी बात पर अड़ा रहा।

उस व्यक्ति ने यमदूत से पुन: याचना की, "मुझे दो दिन की ज़िन्दगी दे दो, मैं तुम्हें एक करोड़ रुपये दे दूँगा।" पर यमदूत ने इसे अनसुना कर दिया।

उस व्यक्ति ने फिर से प्रार्थना की, "मैं आपसे एक दिन की ज़िन्दगी की भीख माँग रहा हूँ। इसके बदले आप मेरी वर्षों की मेहनत से जोड़ी दौलत ले लीजिए।"

यमदूत फिर भी टस-से-मस नहीं हुआ। अनुनय, विनय के साथ गिड़गिड़ाने के बाद उस व्यक्ति को यमदूत से इतनी मोहलत मिल सकी कि वह अपना एक सन्देश लिख सके। उस व्यक्ति ने अपने सन्देश में लिखा :

> *जिस व्यक्ति को भी यह सन्देश मिले उससे मैं इतना ही कहना चाहूँगा कि जीवन-भर केवल धन-दौलत जोड़ने की फिराक में मत रहो। ज़िन्दगी अनमोल है, इसका एक-एक पल जी भर के जियो। मेरे दो करोड़ रुपये भी मेरे लिए एक घंटे का समय नहीं ख़रीद पाए।*

मरना कोई नहीं चाहता

मानव शरीर एक अमूल्य उपलब्धि है। परमपिता का बहुत बड़ा अनुग्रह है। चौरासी लाख योनियों की यातना भोगने के बाद मिली सृष्टि का सर्वोपरि उपहार है। मानव शरीर कितनी बड़ी उपलब्धि है, इसका अनुमान इस बात से लगाया जा सकता है कि स्वर्ग में रहने वाले देवता तक भी इसकी कामना किया करते हैं। इसके बदले में अमर सुख से परिपूर्ण स्वर्ग तक का उत्सर्ग कर देने को तैयार रहते हैं।

मनुष्य शरीर दिव्य है, यह दिव्य गुणों से युक्त है। स्वर्ग के दिव्य वैभव में रहने वाले देवों का हृदय भी जिन वस्तुओं की प्राप्ति के लिए आतुर रहता है, वे हैं : मानव जीवन, आर्य क्षेत्र और श्रेष्ठ सदाचारिणी माता की कोख में जन्म।

आध्यात्मिक क्षेत्र में तो मानव सबसे आगे हैं। अवतारों का इतिहास बताता है कि राम, कृष्ण, महावीर स्वामी, प्रभु ईसु आदि जितने अवतार, तीर्थंकर अथवा पैगम्बर हैं, सभी मानव योनि में हुए हैं।

नर देह के महत्त्व का भारतीय सन्तों ने वर्णन किया है :

धन्य-धन्य यह नर देह।
यह है अपूर्वता का गेह॥

समर्थ रामदास स्वामी ने कहा है :

बहुना पुण्य-पण्येन त्रीतेयं कायनौस्त्वता।

इसमें कहा गया है कि 'अरे भाई! यह मनुष्य देह तुझे बड़े भाग्य से मिली है।' सन्त तुकाराम ने तो नर देह को सोने का कलश कहा है।

एक विचारक का कथन है :

ईश्वर के बाद दूसरा स्थान किसे दिया जाए? ईश्वर के बाद का स्थान न तो देवलोकवासी देवताओं को मिल सकता है, न बेचारे पशुओं को। दूसरा स्थान तो केवल एक ही प्राप्त कर सकता है, वह है मानव।

मानव भूमि पर ही गुरु वशिष्ठ, व्यास, वाल्मीकि, गुरुनानक आदि जैसे अतिविशिष्ट मानवों ने जन्म लिया है जिनके शिष्य बनने के लिए स्वयं ईश्वर विभिन्न रूपों में इस धरती पर अवतरित हुए हैं।

आध्यात्मिक गुरु दलाई लामा का कथन है कि :

> *हम मानव ख़ुशी पाने और सुख से रहने के लिए जन्मे हैं। यह प्रेम, स्नेह, आत्मीयता और करुणा भाव से मिल सकती है। मेरा मानना है कि प्रत्येक व्यक्ति के पास ख़ुश रहने व ख़ुशी पैदा करने वाली आत्मीय और करुणामयी मानसिक अवस्था है।*

आप आत्महत्या करने पर क्यों उतारू हैं?

मनुष्य आत्महत्या या बेमौत मरने जैसे जघन्य पाप करने पर क्यों उतारू होता है? इस सम्बन्ध में विभिन्न स्तर के विद्वानों के विविध मत हैं। अधिकांश अर्थशास्त्री आत्महत्याओं का कारण अभाव एवं ग़रीबी को मानते हैं। समाजशास्त्रियों का कहना है कि पारिवारिक एवं सामाजिक परिस्थिति से ऊबकर ही मनुष्य आत्महत्या के लिए सचेष्ट होता है। मनोवैज्ञानिकों के अनुसार मन:विक्षोभों से उत्पन्न होने वाले मानसिक असन्तुलन ही आत्महत्याओं के कारण बनते हैं। अर्थशास्त्रियों, समाजशास्त्रियों एवं मन:शास्त्रियों के निष्कर्ष एक सीमा तक सही हो सकते हैं, पर गहराई से विचार करने पर यह पता चलता है कि आर्थिक, सामाजिक अथवा मन:विक्षोभ जैसे छोटे कारण उतने महत्त्वपूर्ण नहीं हैं, जिनके कारण मनुष्य अपने जीवन को समाप्त करने की सोचे।

अर्थाभाव और सामाजिक परिस्थितियाँ आत्महत्या की घटनाओं के लिए ज़िम्मेदार होतीं, तो सर्वाधिक आत्महत्याएँ ग़रीबी से त्रस्त, पिछड़े और अविकसित समाज में होतीं, पर सर्वेक्षण से प्राप्त निष्कर्ष यह बताते हैं कि सम्पन्न, सुविकसित तथा प्रगतिशील समाज में आत्महत्याओं की घटनाएँ अधिक घटित होती हैं, जबकि कितनी ही जंगली व असभ्य जातियाँ घोर ग़रीबी में जीवनयापन कर रही हैं। इनका कोई विकसित समाज भी नहीं हैं

फिर भी उनमें ऐसी घटनाएँ कदा-कदा ही घटती हैं। जो समाज और देश जितने ही अधिक सम्पन्न हैं और विकसित हैं उनमें, आत्महत्या के अपराध उतने ही अधिक होते पाए जाते हैं।

सुर-दुर्लभ मानव शरीर को पाकर यदि मनुष्य उसके महत्त्व को नहीं मानता, उपेक्षापूर्वक उसका दुरुपयोग यानी आत्महत्या करता है तो इससे बड़ी दुखद बात क्या होगी?

आत्महत्या के बहुत पहलू होते हैं : प्यार में धोखा मिला तो आत्महत्या कर लेते हैं। बॉस ने दो-चार खरी-खोटी बातें सुना दीं, तो आत्महत्या कर लेते हैं। नौकरी नहीं मिली तो आत्महत्या कर लेते हैं। व्यापार नहीं चल रहा तो आत्महत्या कर लेते हैं। पैसे की तंगी है तो आत्महत्या कर लेते हैं। परीक्षा में अच्छे मार्क्स नहीं आए तो आत्महत्या कर लेते हैं। क्या सच में हमारी ज़िन्दगी की क़ीमत कुछ रुपये, पैसे, मार्क्स में या प्यार से तोली जा सकती है? नहीं! क़तई नहीं। फिर भी हमारा आधुनिक विकसित समाज ऐसा कर रहा है और इसी कारण आत्महत्याओं की घटनाएँ तेज़ी से बढ़ती जा रही हैं। ज़िन्दगी छोटी मिली हो या बड़ी मिली हो, लेकिन अगर ज़िन्दगी में मनचाहा कुछ भी न मिले तो भी यह ज़िन्दगी आत्महत्या करने के लिए निश्चित नहीं मिली।

आत्म-ग्लानि की ग्रंथि से छुड़ाएँ पीछा

आत्म-ग्लानि मनुष्य के मन में एक भावना ग्रंथि है, जो जाने-अनजाने, भूलवश या असावधानी में किये गए पापों एवं ग़लतियों पर अत्यधिक पश्चाताप करने से पैदा हो जाती है। वैसे किसी भी दुष्कृत्य, पाप-कर्म पर मनुष्य को पश्चाताप अवश्य होता है और एक सीमा तक यह आवश्यक भी है। जब मनुष्य भविष्य में वैसा न करने का संकल्प करता है, पाप-कर्मों से बचने के लिए भूल-सुधार की प्रतिज्ञा करता है तो ऐसी स्थिति में पश्चाताप मनुष्य का पाप से उद्धार भी कर देता है। लेकिन जब यह सीमा से अधिक बढ़ जाता है तब आत्म-ग्लानि का रूप धारण कर लेता है। आत्म-ग्लानि में मनुष्य सुधार की ओर अग्रसर नहीं होता, वरन अपने आपको पापी, दुराचारी मान बैठता है। इस हीन भावना से ग्रस्त होकर आत्महत्या पर उतारू हो जाता है।

आत्म-ग्लानि पैदा हो जाने पर मनुष्य अपने आपको पापी, दुष्ट समझकर धिक्कारता रहता है। वह सामाजिक जीवन में उतरकर कोई काम करने में एक प्रकार का भय और घबराहट भी महसूस करता है। जो आत्म-ग्लानि के आधिक्य से दबा हुआ है चाहे कितना भी योग्य, अनुभवी, जानकार क्यों न हो, वह प्रगति के पथ पर आगे न बढ़ सकेगा, क्योंकि जो आगे क़दम रखने से पूर्व ही अपने आपको पापी मान बैठा है, दूसरों के साथ आँखें चार करने की जिसमें हिम्मत नहीं है, संकोच-शंका-भय जिसे कुछ करने नहीं देते ऐसा व्यक्ति किसी भी क्षेत्र में सफल हो सके यह सम्भव नहीं। अत्यधिक पश्चाताप अथवा आत्म-ग्लानि के कारण हम कई बार बिना अपराध के भी अपने आपको अपराधी मान बैठते हैं। कभी बचपन में या किसी भी उम्र में

कोई भूल हो बैठी हो, कोई बुरी आदत पड़ गई हो, कोई बुरा काम बन पड़ा हो, उसे जीवन-भर रटते रहना, अपने को कोसते रहना, स्वयं को बुरा समझ बैठना, सचमुच ऐसी ही भूल है। ऐसी स्थिति में, रास्ते या बाज़ार में चलते हुए भी मनुष्य यह अनुभव करने लगता है कि दूसरे लोग उसकी बुराइयों को देख रहे हैं और उसे बुरा समझ रहे हैं। इस भय के कारण वह दूसरों से नीची निगाह रखता है, कुछ बोलने के पूर्व हड़बड़ा जाता है।

इस तरह के लोग जीवन-भर आत्म-ग्लानि में डूबे रहते हैं। उनके जीवन की महत्त्वपूर्ण सम्भावनाएँ नष्ट हो जाती हैं। उनकी महत्त्वाकांक्षाएँ, आशाएँ, अभिलाषाएँ, उमंगें असमय में ही मुरझा जाती हैं। ऐसे होनहार, प्रतिभावान, जीवन-सम्पन्न युवकों की संख्या कम नहीं है जो आत्म-ग्लानि के शिकार होकर आत्महत्या कर लेते हैं। किसी सामान्य-सी भूल को बहुत महत्त्व देकर जीवन-भर लज्जा, शोक में डूबे रहकर अपराधी की तरह मानसिक परेशानी में डूबे रहते हैं। अपनी अबोध अवस्था में या अज्ञानवश किये गए किसी पाप पर जीवन-भर पश्चाताप करते रहते हैं और दु:खी बने रहते हैं।

किसी भूल अथवा बुरे काम के सम्बन्ध में पश्चाताप करना उत्तम है, लेकिन यह तारक होना चाहिए। भविष्य में ऐसा न करने का संकल्प करके सदैव उससे बचते रहने का प्रयत्न करना, ऐसे वातावरण, संग-साथ एवं साधनों से दूर रहना जो बुराई की ओर प्रवृत्त करें, इसके लिए आवश्यक होता है। पिछली भूल से शिक्षा लेकर आगे के लिए उसका सुधार कर लेना और फिर पाप की भावना सदा के लिए भुला देना, पश्चाताप का सच्चा स्वरूप है।

'बीती ताहि बिसारि दे'

आपसे जो कुछ बुराई हो चुकी है, उसे भूल जाइए। मैन्सफील्ड ने कहा है :

> *आप इसे अपनी ज़िन्दगी का नियम बना लें कि बीती हुई बातों को भूल जाएँगे, कभी पश्चाताप न करेंगे। बिगड़ी हुई बातों को याद करना कीचड़ में सने रहनें के समान है।*

भूतकाल में हमसे जो कुछ भी बुराई हो गई हो उसे 'बीती ताहि बिसारि दे' के अनुसार भूलने में ही कल्याण है।

आत्म-ग्लानि को बढ़ने न दें अन्यथा यह एक ऐसी मानसिक दुर्बलता के रूप में जम जाएगी जो कुछ भी न करने देगी और आपको आत्महत्या के लिए प्रेरित करेगी। कोई भी बुराई क्यों न हो गई हो, उसे अनावश्यक तूल न दीजिए। कीचड़ में गिर पड़ने पर उठकर उसे धो लेना ही श्रेयस्कर है। कीचड़ में पड़ जाने का पश्चाताप करने में लग जाना या उसी का रोना रोते रहना ठीक नहीं। पूर्णत: पाक-साफ, दूध का धुला हुआ कोई नहीं होता। भूलें, बुराइयाँ, पापी बन जाना मनुष्य की स्वाभाविक कमज़ोरी है। प्रत्येक मनुष्य पैदा होने से मरने तक कोई-न-कोई बुरा काम कर बैठता है। गिरकर उठने में, बुराई से भलाई की ओर आगे बढ़ने में ही मनुष्य की श्रेष्ठता है। अपने पापों पर पश्चाताप कर आत्म-ग्लानि में न डूबें। याद रखिए, प्रत्येक बहुत-से दूसरे व्यक्ति भी इन्हीं बुराइयों के मार्ग से गुज़रे हैं और जीवन में बहुत आगे बढ़े हैं। इस सम्बन्ध में कुछ उदाहरण प्रस्तुत हैं :

महात्मा गांधी

महात्मा गांधी की ग़लत संगति होने के कारण उनसे कुछ ऐसे कृत्य हुए जिन्हें पाप की संज्ञा दी जा सकती है। गांधी जी का परिवार वैष्णव सम्प्रदाय का है। उनके माता-पिता कट्टर वैष्णव माने जाते थे। वे वैष्णव मन्दिर में भी हमेशा जाते रहते थे।

बचपन में मांस का सेवन

बचपन में गांधी जी के कुछ मित्रों ने उन्हें मांसाहारी होने की सलाह दी, कारण पूछने पर उन्हें बताया गया :

> *अंग्रेज़ हम पर इसलिए राज्य करते हैं कि वे मांसाहारी हैं। हम मांसाहारी नहीं हैं इसलिए हम नि:वीर्य हैं। तुम्हें भी मांस खाना चाहिए, खाकर तो देखो! तो मालूम होगा कि तुममें कितनी ताक़त आ गई।*

इन बातों से उनके मन पर पूरा-पूरा असर हुआ और उन्होंने मांसाहार लेना प्रारम्भ कर दिया।

मैं व्यभिचार में फँसते-फँसते बचा

गांधी जी के शब्दों में :

सोहबत के कारण मैं व्यभिचार में भी फँस जाता। एक बार मेरे मित्र मुझे वेश्याओं की बस्ती में ले गए। वहाँ मुझे यथायोग्य सूचनाएँ देकर एक स्त्री के मकान में भेजा। मुझे पैसे वगैरा कुछ देना नहीं था। हिसाब तो हो चुका था। मुझे तो केवल दिल बहलाव की बातें करनी थीं। मैं घर में तो घुस गया, पर जिसे ईश्वर बचाना चाहता है, वह गिरने की इच्छा रखते हुए भी पवित्र रह सकता है। उस कोठरी में, मैं तो बिलकुल अन्धा बन गया। मुझे बोलने का भी होश न रहा। मारे शरम के, सन्नाटे में आकर उस औरत के पास खटिया पर बैठा, पर मुँह से बोल न निकल सका। औरत ने ग़ुस्से में आकर मुझे दो-चार खरी-खोटी सुनाई और दरवाज़े की राह दिखाई।

चोरी और प्रायश्चित

गांधी जी के शब्दों में :

अपने एक रिश्तेदार के साथ मुझे बीड़ी पीने का शौक लग गया था। हमारे पास पैसे नहीं थे। मेरे काका जी को बीड़ी पीने की आदत थी। उन्हें और दूसरों को धुआँ उड़ाते देखकर हमें भी बीड़ी फूँकने की इच्छा हुई। गाँठ में पैसे तो थे नहीं, इसलिए काका जी के पीने के बाद बीड़ी के जो 'ठूँठ' फेंक देते हमने उन्हें चुराना शुरू किया।

बीड़ी के ये ठूँठ हर समय मिल नहीं सकते थे और उनमें से बहुत धुआँ भी नहीं निकलता था। इसलिए नौकर की जेब में पड़े दो-चार पैसे में से हमने एकाध पैसा चुराने की आदत डाली और हम बीड़ी ख़रीदने लगे।

बीड़ी के टूँठ चुराने और इसी सिलसिले में नौकर के पैसे चुराने के दोष की तुलना में मुझसे चोरी का दूसरा जो दोष हुआ, उसे अधिक गम्भीर मानता हूँ। बीड़ी के दोष के समय मेरी उम्र बारह-तेरह साल की रही होगी। दूसरी चोरी के समय मेरी उम्र पन्द्रह साल की रही होगी। यह चोरी मेरे मांसाहारी भाई के सोने के कड़े के टुकड़े की थी। उन पर मामूली-सा लगभग पच्चीस रुपये का कर्ज़ हो गया था। उसे चुकाने के बारे में हम दोनों भाई सोच रहे थे। मेरे भाई के हाथ में सोने का ठोस कड़ा था। उसमें से एक तोला सोना काट लेना मुश्किल न था।

कड़ा कटा। कर्ज़ अदा हुआ पर मेरे लिए यह बात असहज हो गई। मैं आत्म-ग्लानि से भर गया। मैंने निश्चय किया कि आगे कभी चोरी नहीं करूँगा और इसके प्रायश्चित के लिए मैंने पत्र लिखकर पिता जी के हाथ में दे दिया।

दुष्कर्म के फलस्वरूप आत्म-ग्लानि में डूबे एक व्यक्ति की वेदना

"मैं धन सम्पन्न हूँ, समर्थ हूँ, इज़्जतदार हूँ, लेकिन एक जघन्य अपराध किया है, बलात्कार करके आया हूँ और बलात्कार भी किससे...बस कुछ न पूछिए। मैं नराधम, हविस का ग़ुलाम, भला जीने लायक हूँ? ख़ैर जाने दीजिए, मेरी एक-एक साँस से धरती का बोझ बढ़ता है। मेरे लिए तो फाँसी के फन्दे पर झूलने के अलावा और क्या बचा है, मैं वही करने जा रहा हूँ।"

ज़रा रुकिए और सोचिए—एक परामर्शदाता की सलाह

आप अपने कुकर्म पर दु:खी हैं तो आपका कर्त्तव्य है कि आप जीवन-भर पुनीत आचरण करें। एक बात और समझ लीजिए। क्या अबसे पूर्व आपने कभी कोई पाप नहीं किया। रास्ते चलते प्रतिदिन ही लोग कल्पनाओं में दूसरों की बहू-बेटियों से अपना अवांछनीय सम्बन्ध जोड़ लेते हैं, क्या किया जाए?

यह स्त्री-पुरुष के बीच यौन आकर्षण माँ, बहिन और बेटी के रिश्तों को भी कभी-न-कभी तोड़ बैठता है। फिर कल्पना में सब पाप करते हैं।

आपसे जो अपराध हुआ है, बड़े-बड़े ऋषि-मुनि तक ऐसा अपराध कर बैठते हैं। आप तो सामान्य प्राणी हैं। आप ख़ुदकुशी कर भी लें तो क्या? आपका जो सामाजिक सम्बन्ध बन चुका है उससे आप क्यों भागें? आपको अगर सच्ची वेदना हुई है तो फिर साहस के साथ प्रायश्चित करें और परमार्थ में अपना जीवन लगा दें या फिर ऐसे व्यक्ति की सुरक्षा करते-करते अपने प्राणों का विसर्जन कर दीजिए, जिससे कोई बलात्कार करना चाहता है, सच्चा प्रायश्चित तो यही होगा। इसलिए फाँसी के फन्दे पर झूलने की बात भूल जाइए।

आत्म-ग्लानि की भावना से छुटकारा कैसे?

दुनिया से भागने में या एकान्त की शरण लेने से भी काम नहीं चलेगा। सामाजिक जीवन में खुलकर भाग लेने पर ही आत्म-ग्लानि की भावना से पीछा छुड़ाया जा सकता है। किन्हीं सभा-समितियों में जाने, बोलने, गाने-बजाने, खेलने-कूदने के अवसर मिलें तो उनका बेधड़क होकर उपयोग करना चाहिए। कदाचित प्रारम्भ में कई बार हँसी भी हो तो उससे न घबराकर सदैव ऐसे अवसरों की तलाश में रहना चाहिए और अपना अभ्यास जारी रखना चाहिए। आप देखेंगे कि एक दिन आपमें लोगों को प्रभावित करने की महत्त्वपूर्ण क्षमता पैदा हो जाएगी, जिसकी सम्भावना ही प्रारम्भ में झेंप जाने या घबरा जाने से नष्ट हो सकती थी।

मिल्टन पॉवेल ने बताया है :

> *आत्म-ग्लानि से मनुष्य को बचाने के लिए उसके मन में धँसी हुई भय की भावना और भीरुता को दूर करना आवश्यक है।*

लज्जा, भय, संकोच को दूर करें, पुराने पापों को भूल जाएँ, मन में आत्म-विश्वास, साहस की भावनाओं को जगाएँ, आत्म-ग्लानि से बचने के लिए। स्मरण रहे कि इससे मनुष्य की मौलिक शक्तियों और क्षमताओं का बहुत ज़्यादा ह्रास होता है अतः सफल जीवन के लिए आत्म-ग्लानि से बचें।

सट्टेबाज़ी का व्यसन : बढ़ती हुई आत्महत्याओं की घटनाएँ

आईपीएल को अधिकारिक तौर पर ड्रीम-11 इंडियन प्रीमियर लीग के रूप में जाना जाता है। इसको वर्ष 2007 में ललित मोदी ने स्थापित किया था। वर्तमान आईपीएल क्रिकेट और मनोरंजन का कम और अवैध तरीक़े से पैसे बनाने का धन्धा ज़्यादा बन गया है।

क्रिकेट से फटाफट मनोरंजन का एक स्याह पहलू भी है। पिछले 3 साल में आईपीएल व अन्य क्रिकेट मैचों पर सट्टा लगाकर हारने वाले 28 लोग ख़ुदकुशी कर चुके हैं। इनमें से ज़्यादातर आत्महत्याएँ अप्रैल-मई के बीच हुई। आईपीएल इसी दौरान होता है। अपनी जान देने वालों में इंजीनियर, कारोबारी, मजदूर और कॉलेज छात्र शामिल थे। 6 मई को ही ओडिशा के रायगढ़ में झिमरीपेटा गाँव के 22 साल के सोमेश गोडुला और उसकी माँ रजनी गोडुला ने आत्महत्या कर ली। इसका कारण था : सोमेश का आईपीएल मैचों में लगाई रकम गँवाना और उस रकम की वसूली करने वालों का दबाव। इसी तरह, हैदराबाद के माधापुर में 21 साल का पवन भी आईपीएल मैचों पर एक लाख का सट्टा हार गया था। माँ को पता लगा तो डाँटा। अगले दिन पवन ने फाँसी लगाकर जान दे दी।

आईपीएल की सट्टेबाजी करवा रहे कई बुकियों के तार दुबई में बैठे सरगनाओं से जुड़े पाए गए हैं। अनुमान है कि ऑनलाइन सट्टेबाजों ने देशभर में 500 से ज़्यादा ब्रांच खोल रखी हैं, जिनके ज़रिए छोटे सटोरिये एवं आमजन ऑनलाइन सट्टा खेलते हैं।

सट्टेबाजी के व्यसन ने बढ़ाए सुसाइड प्रकरण

समाज में बढ़ती सट्टेबाजी के व्यसन या लत ने सुसाइड करने वालों की संख्या में बढ़ोतरी की है। आईपीएल क्रिकेट टूर्नामेंट, एक दिवसीय क्रिकेट प्रतियोगिता, ऑनलाइन गेम, कमोडिटी बाज़ार में वस्तुओं व धातुओं का सट्टा, ये सब आधुनिक समय के सट्टे हैं।

आईपीएल एवं अन्य क्रिकेट प्रतियोगिताओं में तो खिलाड़ियों के प्रदर्शन, प्रत्येक ओवर, कौन-सी टीम जीतेगी, यहाँ तक की कौन-सा गेंदबाज विकेट ले पाएगा, इन सब पर देश एवं अन्तरराष्ट्रीय स्तर पर सट्टा लगता है, जिसमें लाखों लोग भाग लेते हैं। उनमें से हज़ारों अपना सब कुछ गँवाकर दिवालिया हो जाते हैं, कर्ज़ में डूब जाते हैं, फिर सम्पत्ति बेचकर कर्ज़ चुकाने का प्रयास करते हैं और कोई चारा नहीं बचता तो फिर सुसाइड कर लेते हैं।

सट्टे में पैसा लगाकर कमाना बहुत दूर की बात है पर गँवाना आसान है। इसका सबसे दुखद पहलू तो यह है कि सट्टेबाजी के कर्ज़ से छुटकारा पाने के लिए कुछ लोग सपरिवार सामूहिक आत्महत्या कर लेते हैं। हम लोग समाचार पत्रों में, मोबाईल पर आत्महत्या/सामूहिक हत्या के समाचार पढ़कर, देखकर द्रवित हो जाते हैं पर इस सम्बन्ध में कोई ठोस क़दम सरकार नहीं उठा पा रही है।

इसी प्रकार ऑनलाइन गेम के शौक़ीन हर वर्ग के युवा, बड़े या महिलाएँ, इसकी लत लगने से अपनी जमा-पूँजी हारकर अपराधों की ओर प्रवृत्त हो जाते हैं या सुसाइड कर लेने की सोचने लगते हैं, इनमें से कुछ कर भी लेते हैं।

चिता के पास बैठकर एक मार्मिक अपील

पिम्परी-पूना (महाराष्ट्र) के एक 80 वर्षीय बुजुर्ग ने अपने मित्र की चिता के पास बैठकर समाज-बन्धुओं से एक मार्मिक अपील की :

> *मात्र एक महीने पहले पिम्परी-पूना में आईपीएल सट्टे में 7 आत्महत्याएँ हो चुकी हैं। आपको याद होगा, एक सप्ताह पहले नागपुर के लकड़गंज एरिया में बेटे ने क्रिकेट सट्टे*

में पैसे हार जाने के बाद कर्ज़दार होकर आत्महत्या कर ली थी, ठीक एक दिन बाद सहन न कर सकी उसकी माँ ने भी ज़हर गटक लिया।

समाज की युवा पीढ़ी में पनप रही कुरीतियों से होने वाले नुकसान से अवगत करा रहा हूँ। आईपीएल की बुरी आदतों से समाज के युवा बुरी तरह घिर चुके हैं। सट्टे में बर्बाद होकर माता-पिता द्वारा कड़ी मेहनत से कमाई कर बनाए घर, दुकान, शोरूम, कारखाने आदि बेचने की नौबत आ रही है। कुछ कर्ज़दार होकर कर्ज़ की रकम न चुका पाने के कारण आत्महत्या की ओर क़दम उठा रहे हैं और अपने माता-पिता और परिजनों को संकट में डाल रहे हैं।

आईपीएल में सट्टेबाजी को लेकर युवाओं के बढ़ते रुझान को देखते हुये समाजशास्त्री प्रो. बालेन्दु शेखर त्रिपाठी एवं प्रो. शालिनी खोपला का कहना है कि निश्चित तौर पर यह आने वाले समय के लिए बहुत बड़ी चुनौती है। हमारी युवा पीढ़ी कम समय में अधिक रुपये कमाने के लालच में बर्बाद होती जा रही है। इसकी रोकथाम के लिए समाज और अभिभावकों को अपने बच्चों को बेहतर शिक्षा और रोज़गार की दिशा में ध्यान देने के लिए प्रेरित करना चाहिए। हमारी युवा पीढ़ी से अपील है कि आईपीएल खेल को सिर्फ़ खेल के नज़रिये से देखें, न कि सट्टेबाजी के माध्यम से पैसा बनाने की नज़र से।

अकेलापन : आत्महत्या के विचार का जनक

जीवन यात्रा का लम्बा पथ अनेक उतार-चढ़ावों, परिवर्तनों, अनुकूल-प्रतिकूल, सुखद-दुखद परिस्थितियों से निर्मित होता है, इस पर एकाकी चल सकना जनसाधारण के लिए सम्भव नहीं होता। मनुष्य अकेला तो सुख भी नहीं मना सकता। सुख की अनुभूति का माध्यम, उसे व्यक्त करने के लिए भी साथियों की आवश्यकता होती है। जीवन-पथ पर चलने के लिए अभिन्न संगी, साथी, सहयोगी की आवश्यकता मानव जीवन का एक अनिवार्य पहलू है।

'अकेला' आदमी या एकाकी व्यक्तित्व या सबसे कटा हुआ इनसान इतना दु:ख उठाता है जिसका बयान करना मुश्किल है। आत्मरक्षा में वे अपने आपमें दुबक जाते हैं। उनके अन्दरूनी, अन्तर्मुखी स्वभाव की वज़ह से उनका सामान्य विकास नहीं हो पाता जिसे बहिर्मुखी और दूसरों की तरफ़ उन्मुख व्यक्ति अनुभव करता है। जब तक व्यक्ति अपने खोल से बाहर नहीं निकलता तथा किसी और के लिये मूल्यवान नहीं बनता, तो वह बीमार पड़ सकता है और बीमारी भी तेज़ी से आती है। अगर आपको लग रहा है कि आप बेकार हैं, किसी को आपकी ज़रूरत नहीं है, कोई आपको नहीं चाहता, आपको कोई याद नहीं करता, तो आपको इस बारे में कुछ-न-कुछ करना चाहिए। यह न सिर्फ़ जीने का निराशाजनक तरीक़ा है, बल्कि यह मनोवैज्ञानिक रूप से ख़तरनाक तरीक़ा भी है जो व्यक्ति के मन में बार-बार ख़ुदकुशी या आत्म-हनन का विचार पैदा करता है।

किसी ने क्या ख़ूब कहा है :

दूसरों के दिलों में ज़िन्दा रहना सीख लो!
ये कफ़न, ये ज़नाज़े, ये श्मशान
सिर्फ़ बातें हैं मेरे दोस्त!
वरना मर तो इनसान तभी जाता है,
जब उसे याद करने वाला कोई न हो॥

तनाव, कुंठा, मानसिक परेशानियाँ : आत्महत्या के प्रेरक

कोलम्बस स्थित ओहियो स्टेट विश्वविद्यालय (यू.एस.) के मनोवैज्ञानिक एवं प्राध्यापक डॉ. जैनिक ग्लेसर ने योरोपीयन सोसाइटी ऑफ़ ह्यूमन रीप्रोडक्शन एंड एम्ब्रिपोलाजी की मासिक पत्रिका *ह्यूमन रीप्रोडक्शन* में हाल ही प्रकाशित अनुसन्धान रिपोर्ट में कहा है कि जब हम एक-दूसरे से मेल-जोल रख बातचीत करते हैं तब हमारे शरीर में ऐसे हार्मोन्स रिलीज़ होते हैं जो शरीर का विकास करते हैं, उनमें उपस्थित न्यूरोकेमिकल हमारे तनाव, कुंठा, चिन्ता और थकान को दूर करते हैं।

अनुसन्धानकर्ताओं को अकेलेपन के शिकार तथा सामाजिक मेलजोल रखने वाले लोगों के 'रक्त परीक्षण' में महत्त्वपूर्ण अन्तर का पता चला है। अकेलेपन से ग्रस्त लोगों के रक्त में बीमारियों के वायरसों को मारने वाले श्वेत-कण की क्रियाशीलता में कमी देखी गई। उनके शरीर में एड्रेलिन जैसे हार्मोनों का रिसाव अधिक पाया गया, जो तनाव पैदा करते हैं।

ब्रिटिश शोधकर्ताओं के अध्ययन के अनुसार :

> *अकेलेपन से जूझ रहे मरीजों में अकसर देखा गया है कि वे हमेशा थके हुए नज़र आते हैं। उनकी एकाग्रता में कमी पाई जाती है, साथ ही अनिद्रा तथा अन्य मानसिक परेशानियाँ पैदा हो जाती हैं जो आत्महत्या जैसे क़दम उठाने के लिए प्रेरित करती हैं।*

भीड़ में तन्हा-सा इनसान!

अकेलापन जीवन का सबसे बड़ा अभिशाप है और दुर्भाग्यवश ऐसे अभिशप्त लोगों की संख्या में दिन-प्रतिदिन बढ़ोतरी होती जा रही है। इसमें जीवन के हर आयु, जाति, वर्ग के स्त्री-पुरुष शामिल हैं। अकेलेपन की त्रासदी भोगने वाले इस समूह में सिर्फ़ वे लोग नहीं हैं जो किसी कारणवश अकेले रहने को मज़बूर हैं, बल्कि वे लोग भी हैं जो परिवार के साथ रहते हुए, कार्यस्थल पर भरे-पूरे माहौल में एवं भीड़ के बीच भी ख़ुद को अलग-थलग और अकेला महसूस करते हैं एवं अपने को बेहद तनहा पाते हैं।

सुप्रसिद्ध शायर निदा फ़ाज़ली ने क्या ख़ूब कहा है :

कहने को आपका शहर मेरा भी शहर है,
इस शहर के भीतर का अकेलापन देखिए।
मिलते नहीं आपस में हम दिल खोलकर,
इस भीड़ में तनहा-सा इनसान देखिए।

अकेलापन, एक बीमारी भी

आज की व्यस्त दुनिया में जब सब अपने-अपने में मगन हैं, वहाँ अकेलापन अभिशाप, एक बीमारी बनता जा रहा है। आप बहुत-से लोगों के बीच में रहते हैं तब भी भीड़ में अकेले हो सकते हैं, क्योंकि साथ चलते हुए भी आत्मिक जुड़ाव नहीं होता।

अकेलापन यानी सामाजिक न होना, हृदय के लिए भी घातक है। तेईस शोधों के संयुक्त आँकड़ों को मिलाकर यह निष्कर्ष निकाला है, *हार्ट* नामक जर्नल ने। इन शोधों के अनुसार जो लोग मेल-जोल रखना पसन्द नहीं करते या एकाकीपन से घिरे रहते हैं, उन्हें दूसरे व्यक्तियों की तुलना में हृदय रोगों का खतरा 29 प्रतिशत और स्ट्रोक का खतरा 32 प्रतिशत ज़्यादा होता है।

शोधों में 18 वर्ष से अधिक आयु के 1 लाख 88 हज़ार पुरुषों और महिलाओं की जानकारी शामिल की गई थी। इनमें से 4,628 कोरोनरी हार्ट की बीमारी और तीन हज़ार लोग स्ट्रोक से पीड़ित थे। शोध के लिए अकेलेपन से पीड़ित लोगों से प्रश्नावली भरवाई गई, इसके अतिरिक्त मेडिकल और

मृत्यु प्रमाण-पत्र आदि का रिकॉर्ड देखने के पश्चात, उनके हृदय रोगों से पीड़ित होने का प्रमाण मिला।

अकेलापन : विश्वव्यापी समस्या

अकेलेपन की समस्या केवल भारत की नहीं, यह तो विश्वव्यापी है। यह आधुनिक जीवन की देन है, जिसमें समाज 'हम' से 'मैं' पर आ गया है। व्यस्तताएँ कुछ इस क़दर बढ़ गई हैं कि मित्रों के लिए क्या, परिवार के सदस्यों के लिए भी क्या, अपनी जीवनसंगिनी के साथ जीवन में स्थान बना पाना कठिन हो गया है। आज जीवन का पूरा संघर्ष ख़ुद के लिए है, शेष सारे रिश्ते एवं ख़ुशियाँ गौण हो गई हैं।

पश्चिमी देशों में लोगों का अकेलापन दूर करने के लिए कई स्वयंसेवी सहायता समूहों की मदद पहुँचाने के प्रयास किये जा रहे हैं। जापान में अकेलेपन से ग्रस्त युवा आत्महत्या कर रहे हैं। जापान में ही कुछ वर्षों पहले अकेलेपन की समस्या का समाधान करने के लिए एक मंत्रालय (Ministry of Loneliness) बनाया गया है। ब्रिटेन में भी ऐसा मंत्रालय बनाया है। भारत में भी अकेलेपन की समस्या तेज़ी से बढ़ती जा रही है। इसके कारण कई लोग गम्भीर मानसिक बीमारियों की चपेट में आ रहे हैं।

अमेरिका, जर्मनी, फ्रांस, ऑस्ट्रेलिया और कनाडा जैसे विकसित देशों में भी अकेलेपन की समस्या बढ़ती जा रही है।

पिछले दिनों जापान से आई यह ख़बर वायरल हुई कि शोजी मोरी पीटो नामक व्यक्ति पैसे लेकर लोगों के साथ लम्बा समय बिताता है, उनसे बात करता है, उनके संग घूमता है। उसका कहना है कि जिन लोगों के साथ वह समय बिताता है वे उसे बार-बार बुलाते हैं, क्योंकि उनसे बातचीत करने वाला कोई नहीं है।

किसी ने बहुत ही सारगर्भित ढंग से इस बात को कहा है :

चार दिन की ज़िन्दगी में,
हम अकेले रह गए,
मौत का इन्तज़ार करते-करते
अकेले में ख़ुदकुशी कर गए।

घुट-घुट कर मरता आदमी

बड़े होते शहरों ने परिवार के साथ-साथ समाज को भी बहुत छोटा और व्यक्ति को कहीं-न-कहीं अकेला कर दिया है। आज हालत यह है कि बड़े अपार्टमेंटों और सोसायटियों में रहने वाले लोग यह नहीं जानते कि उनके बगल के फ्लैट में कौन रह रहा है। पढ़ा-लिखा और आधुनिक माना जाने वाला इनसान किस तरह केवल अपने परिवार से नहीं, अपने आप तक से कट रहा है। यह अकेलापन अनेक विसंगतियों एवं विडम्बनाओं का कारण भी बन रहा है। अनेक हिंसक एवं अनहोनी घटनाएँ इसकी निष्पत्ति के रूप में सामने आ रही हैं, जो डराती भी हैं और अनेक प्रश्न भी खड़े करती हैं। बड़ा प्रश्न तो यही है कि खाते-पीते लोगों को उनका अकेलापन कहाँ ले के जा रहा है? अकेलेपन के अपने बनाए दायरे ने परिवार के अन्दर भी एक दीवार खड़ी कर दी है। इस तरह का एकाकीपन सभी सुविधाओं से सम्पन्न रिहाइशी इलाकों के निवासियों में ज़्यादा दिख रहा है। खाते-पीते तबकों में अपनों के साथ की कमी का भाव ख़ुद के प्रति विद्रोह पैदा कर देता है। अपना ही अस्तित्व बेगाना लगने लगता है। यह अकेलापन इनसान को जीते-जी मार देता है। बर्नार्ड शॉ के मुताबिक :

> *लोग मरते तो बहुत पहले हैं, लेकिन दफ़नाए बहुत बाद में जाते हैं। मरने और दफ़नाने के बीच का यह फ़ासला ही अकेलापन की त्रासदी है, जिसमें आदमी घुट-घुट कर मरता है।*

किसी ने ठीक ही कहा है :

> *अकेले रहने से हर राह सुनसान रहती है,*
> *बिना एकता के ज़िन्दगी वीरान होती है।*
> *संग अपने प्रियजनों का बहुत ज़रूरी है,*
> *(क्योंकि) एक-दूजे के सहारे हर मुश्किल आसान होती है।*

अकेलापन की क़ैद से मुक्ति पाएँ

अकेलापन कोई परिस्थिति नहीं है, यह तो एक आदत है। अगर आपको अपने सिवा और किसी में रुचि नहीं है, अगर आप अपने माहौल से अलग-थलग रह कर ही सुकून महसूस करते हैं, अगर आप एकाकी बैठकर कल्पनाएँ करने में ही आनन्द लेते हैं, अगर आप समूह में बेचैनी महसूस करते हैं और वहाँ से भाग कर ही राहत की साँस लेते हैं; अगर आपको दूसरे सभी लोग धोखेबाज़ और स्वार्थी नज़र आते हैं तो निश्चित मानिए कि आप मानसिक रूप से अस्वस्थ हैं। ऐसा व्यक्ति समूह में घुल-मिल नहीं सकता। उसकी दूसरों से पटरी नहीं बैठ सकती है। वह आशंकाओं और दुश्चिन्ताओं से घिरा रहते हुए हमेशा अपने आपको दु:खी महसूस करता है।

अकेलापन हमारी ख़ुशियों को तो समाप्त कर देता है, पीड़ा को बहुत अधिक बढ़ा देता है। ठीक उसके विपरीत, सामूहिकता में हमारी ख़ुशियाँ हज़ार गुना बढ़ जाती हैं और मुसीबतें हज़ार गुना हल्की होकर बँट जाती हैं। यही कारण है कि जेल जाना एक सज़ा है, क्योंकि जेल हमें अपने समूह से अलग कर देती है। वे कितने नादान हैं जो अवसादजनक अकेलेपन की क़ैद में रहते हैं।

वास्तव में जीवन में अकेलेपन की आदत एक अभिशाप है। इस अभिशाप से विवश होकर मनुष्य कभी-कभी आत्महत्या करने पर उतारू हो जाता है, अत: इस आदत से छुटकारा पाना ज़रूरी है।

जिजीविषा का अमृत रस : जीवन उद्देश्य

जीवन एक सफ़र है। इसमें बढ़ते रहने, चलते रहने का नाम ही जीवन है। जीवन के इस अद्भुत और रोमांचकारी सफ़र में उद्देश्य की अपनी महत्त्वपूर्ण भूमिका है। आख़िर हमारे द्वारा पहले से निर्धारित उद्देश्य ही हमें चलने की ऊर्जा देता है, जीवन्तता बनाए रखता है, दिशा प्रदान करता है। मक़सद ही वह घोल है जो हमारे अन्दर छिपी ऊर्जा को तरंगित कर जाग्रत करता है और सुप्त ऊर्जा को दिशा प्रदान कर व्यक्ति को उसकी मंज़िल तक पहुँचाने का मार्ग प्रशस्त करता है।

ज़िन्दगी का सफ़र हम कर रहे हैं, हमें लक्ष्य का ही पता नहीं, यह कितनी बड़ी विडम्बना है। यह तो वैसा ही उदाहरण है कि एक व्यक्ति रेलवे स्टेशन पर पहुँचा। रेलगाड़ी आई, उसने डिब्बे में प्रवेश किया। इंजिन ने सीटी दी। गाड़ी छूटने को ही थी कि उसके निकट बैठे व्यक्ति ने पूछ लिया कि आप कहाँ जा रहे हैं? उसने उत्तर दिया, "भाई, पता नहीं कि कहाँ जाना है।" ऐसे व्यक्ति को आप क्या कहेंगे, सिरफिरा या बुद्धू। इसे ज्ञात नहीं है कि कौन-से स्टेशन पर उतरना है। ख़ैर, वह तो सिरफिरा या बुद्धू है और यह भी सम्भव है कि स्टेशन पर एक भी आदमी ऐसा न मिले, किन्तु ज़िन्दगी या जीवन के स्टेशन पर प्रतिदिन हज़ारों-लाखों ऐसे व्यक्ति मिल जाएँगे जो जीवन की रेल में बैठ चुके हैं, किन्तु उन्हें यह पता नहीं है कि उन्हें कहाँ उतरना है यानी उनकी मंज़िल कहाँ है। इसी बात को लक्ष्य करके किसी शायर ने कहा है :

चल दिये जीवन के सफ़र में अपना सीना ताने।
जाना कहाँ है, मक़सद क्या है, ऊपर वाला जाने॥

'जिजीविषा' शब्द का चमत्कार, रिक्शेवाला बना समर्थ रचनाकार

यह साठ के दशक की बात है। मनोरंजन नाम का वह युवक कलकत्ता जेल से छूटा था। दरअसल, वह अभावों में जी रहा था। परिणाम यह रहा कि वह घर से भागकर नक्सली आन्दोलन में शामिल हो गया। पुलिस के हत्थे चढ़ा और जेल जा पहुँचा। क़िस्मत का कमाल—जेल की सज़ा ने जैसे उसे बदल दिया। जेल से बाहर वो इस इरादे से निकला कि अब मेहनत-मज़दूरी करेगा। जेल की लाइब्रेरी में उसने पढ़ने की आदत डाल ली थी। अब वह हाथ रिक्शा चलाता था। अपने साथ क़िताबें रखता था। जब भी समय मिलता, पढ़ने बैठ जाता।

एक दिन एक महिला ने पूछा 'चलोगे?' उसने इनकार कर दिया। वह क़िताब में मग्न था। महिला दूसरे रिक्शेवाले के पास गई। उसने भी मना कर दिया। लाचार महिला फिर मनोरंजन के पास लौटी। अब वह मना नहीं कर पाया। वह महाश्वेता देवी की लिखी अग्निगर्भा पढ़ रहा था। एक शब्द उसने पढ़ा था : 'जिजीविषा'। इसका उसे अर्थ नहीं आता था। उसने यात्री से मतलब पूछ लिया। महिला ने बताया, 'इसका अर्थ है जीने की इच्छा।'

उतरते समय महिला ने एक क़ाग़ज़ पर अपना नाम लिखकर उसे देते हुए कहा, "और कुछ सीखना हो, तो मुझसे सम्पर्क करना।" काग़ज़ पर लिखा था—महाश्वेता देवी। मनोरंजन हतप्रभ था। उसकी आँखों से आँसू बहने लगे। वह उसी से उस शब्द का मतलब पूछ रहा था, जिसने उसे लिखा था।

मनोरंजन का कहना है, इस घटना ने उसका जीवन बदल दिया। आज मनोरंजन बंगाल का जाना-पहचाना नाम है। उन्होंने सौ से अधिक कहानियाँ और नौ उपन्यास लिखे हैं।

आत्महत्या का कारण—उद्देश्यहीनता

मनोवैज्ञानिकों का मत है कि जहाँ असफल व्यक्ति निराशा में डूबकर मौत को गले लगाता है, वहीं भौतिक उपलब्धियों के शिखर पर पहुँचने के बाद ज़िन्दगी में किसी उद्देश्य की कमी खटकने लगती है और यह उद्देश्यहीनता व्यक्ति को आत्महत्या की ओर भी ले जा सकती है।

अरबपतियों, उच्च पदों पर आसीन लोगों का जीवन दूर से देखने पर रंगीन लगता है, आमतौर पर उनके प्रति लोगों की सोच भी ऐसी ही है। लेकिन पैसा और पद हर समस्या का समाधान नहीं है। अगर होता तो आत्महत्या करने वाले अरबपतियों की एक लम्बी सूची क्यों बनती? यहाँ उनमें से कुछ के उदाहरण दिये जा रहे हैं, जिन्होंने ख़ुदकुशी कर अपनी जीवनलीला समाप्त की है :

- लन्दन के मशहूर प्रॉपर्टी टाइकून 54 वर्षीय पाल कंसल ने लन्दन की अंडरग्राउंड ट्रेन के सामने कूद कर अपनी जान दे दी।
- रेजन हुएई जो एक डाटा स्टोरेज कम्पनी के प्रेसिडेंट और सीईओ रहे हैं, ने गोली मारकर आत्महत्या कर ली।
- पोलैंड में पैदा हुए लेकिन अमेरिका में सफल बिज़नेसमैन बने न्यूयॉर्क की ऊँची बिल्डिंग से छलाँग लगाकर मौत को गले लगा लिया।
- ब्रिटेन के अरबपति रेथ ने 35 वर्ष की आयु में ख़ुद को गोली मारकर अपनी जीवन-लीला समाप्त कर ली।
- हुबर्ट बुमीस्टर ने 2009 में गोली मारकर आत्महत्या कर ली। बुमीस्टर एलीएन एमसे के बोर्ड मेम्बर थे।
- भारत में भी कई उद्योगपति और धन-सम्पन्न व्यक्ति आत्मघाती क़दम उठा चुके हैं। इसके अतिरिक्त आई.ए.एस. और आई.पी.एस.

अधिकारी एवं अन्य उच्च पदाधिकारी भी आत्महत्या करते देखे जा सकते हैं।

अब जीने के लिए कोई उद्देश्य बचा ही नहीं, इसलिए आत्महत्या कर रहे हैं

यह बात पिछले दिनों गोवा में एक युवा दम्पती द्वारा की गई आत्महत्या से स्पष्ट होती है।

39 वर्षीय सॉफ्टवेयर इंजीनियर आनन्द रंचीदेवन और उसकी 36 वर्षीय पत्नी दीपा अपने ही फ्लैट पर फाँसी पर झूलते पाए गए। आश्चर्यजनक बात यह है कि रंचीदेवन दम्पती आर्थिक रूप से सम्पन्न था, स्वस्थ, सफल और ख़ुश था, फिर इस तरह का क़दम क्यों उठाया? इसका उत्तर उनके द्वारा लिखे सुसाइड नोट से स्पष्ट है :

हमने ख़ूब अच्छा जीवन व्यतीत किया। हम दुनिया भर में घूमे और कई देशों में रहे और हमने इतना पैसा कमाया जिसकी हमने कल्पना भी नहीं की थी और ख़र्च भी किया, जिससे हमें ख़ुशी मिली, लेकिन अब जीने के लिए कोई उद्देश्य बचा ही नहीं है, इसलिए आत्महत्या कर रहे हैं।

यदि जीवन में उद्देश्यहीनता या खालीपन महसूस हो रहा हो तो उसकी पूर्ति मृत्यु से मत करो, जीवन को नया उद्देश्य दो। अपने लिए जी चुके तो औरों के लिए जीओ।

किसी शायर ने क्या ख़ूब कहा है :

आओ भगवान से यूँ हम दुआ माँगें,
ज़िन्दगी जीने की अदा माँगें।
अपने ख़ातिर तो बहुत जिए हैं
आओ आज औरों के लिए जीना माँगें।

दुनिया के अधिकांश लोग बिना सोचे-समझे लक्ष्यहीन ज़िन्दगी की दौड़ प्रारम्भ कर देते हैं। ठीक उसी प्रकार जैसे कोई कुत्ता पास से गुज़रने वाली कार के पीछे निरर्थक दौड़ने लगता है।

एक कृषक का कुत्ता सड़क के किनारे बैठा रह कर वहाँ से गुज़रने वाली कारों का इन्तज़ार करता रहता था। जैसे ही कोई कार आई, वह भौंकता हुआ उसका पीछा करता। एक रोज़ उसके पड़ोसी ने कृषक से पूछ ही लिया, "क्या तुम्हारा कुत्ता कभी किसी कार को पकड़ पाएगा?" उस कृषक ने उत्तर दिया, "प्रश्न यह नहीं है कि किसी कार को पकड़ पाएगा या नहीं, प्रश्न यह है कि अगर पकड़ पाएगा तो वह क्या करेगा?"

बहुत-से लोग उस कुत्ते के समान निरर्थक लक्ष्य के पीछे दौड़ते रहते हैं। ऐसे लोगों से सफलता दूर ही रहती है।

लक्ष्य के बारे में विलियम मोल्टन मार्सडेन का कथन है :

> *महसूस करें कि आप वास्तव में क्या चाहते हैं। इससे आप तितलियों का पीछा करने से बचेंगे और सोना खोदने में जुट जाएँगे।*

मुनि तरुणसागर का कहना है :

> *ज़िन्दा रहने के लिए खाना ज़रूरी है। खाने से ज़्यादा पानी पीना ज़रूरी है, पानी से ज़्यादा ज़रूरी वायु है मगर मरने के लिए कुछ भी ज़रूरी नहीं है। आदमी यों ही बैठे-बैठे मर सकता है। आदमी हृदय की धड़कन रुकने से नहीं मरता, बल्कि उसी दिन मर जाता है जिस दिन से उसके जीने का मक़सद और सपने मर जाते हैं।*

सड़क कहाँ जाती है?

एक व्यक्ति चौराहे पर रुका। उसने एक वृद्ध व्यक्ति से पूछा कि यह सड़क कहाँ जाती है? उस व्यक्ति ने प्रश्न किया, "आप कहाँ जाना चाहते हो?" यात्री ने कहा, "मैं नहीं जानता।" वृद्ध व्यक्ति ने कहा, "तब तो कोई भी सड़क ले लो। क्या फ़र्क पड़ेगा!" कितनी सही बात है।

क्या आप किसी ऐसी बस या ट्रेन में यह जाने बिना बैठना चाहेंगे कि वह कहाँ जा रही है। आपका उत्तर होगा, 'नहीं'। तो फिर ज़िन्दगी के सफ़र में बिना लक्ष्य के चलने के लिए क्यों तैयार हो जाते हो?

किसी शायर ने लक्ष्यहीन जीवन के बारे में क्या ख़ूब कहा है :

मक़सद बिना जीवन है तो यूँ ही निकल जाएगा।
आकाश से गिरा तो खजूर में ही अटक जाएगा॥

याद रखिए बिना लक्ष्य के हमारी हालत उस सूखे पत्ते की तरह होती है जो हवा के रुख के साथ इधर-उधर डोलता रहता है और उसे ही अपनी नियति मान बैठता है।

जीवन में अर्थ और उद्देश्य का अहसास

विक्टर फ्रैंकल का कहना है कि :

> *इनसान की सबसे बड़ी ज़रूरत ज़िन्दगी में अर्थ और उद्देश्य का एहसास होना है। लक्ष्य आपको अर्थ और उद्देश्य दोनों का एहसास दिलाते हैं। लक्ष्य आपको दिशा का भी एहसास कराते हैं और आपकी कार्यक्षमता और कुशलता का विकास करते हैं। अपने लक्ष्यों की ओर बढ़ते समय आप ज़्यादा प्रसन्न और शक्तिशाली महसूस करते हैं, ये आपकी प्रेरणा का स्तर भी ऊँचा करते हैं और आप ज़्यादा ऊर्जावान और प्रभावी महसूस करते हैं। निराशा और अवसाद आपसे कोसों दूर रहता है। कभी आत्महत्या का विचार मन में नहीं आता।*

लक्ष्य आपके सकारात्मक मस्तिष्क का ताला खोलने की कुंजी हैं और मंज़िल तक पहुँचाने वाले मददगार विचारों और ऊर्जा को प्रवाहित करते हैं। लक्ष्यों के बिना आप बस जीवन की लहरों पर डूबते-उतरते रहते हैं, जबकि लक्ष्य के साथ तीर की तरह उड़कर सीधे निशाने पर पहुँच जाते हैं।

आप जब कोई लक्ष्य निर्धारित करते हैं, तो प्रारम्भिक रूप से आप यह एहसास करते हैं कि आपके पास उसे पाने की सम्भावनाएँ मौजूद हैं और उसे पाने के लिए आप लम्बे समय तक पर्याप्त मेहनत करने की इच्छा रखते हैं। यानी, इच्छा आपकी जिजीविषा कायम रखती है।

जिस व्यक्ति को अपने जीवन में कोई मिशन या मक़सद मिल जाता है वह कभी आत्महत्या के बारे में सोच ही नहीं सकता। यहाँ तक कि कंजूस व्यक्ति भी कभी बोरियत का शिकार नहीं होता। उसकी कितनी भी निन्दा हो इसके बाद भी धन संचित करने की धुन के कारण बोरियत महसूस नहीं करता। कंजूस आदमी को कभी आत्महत्या करते नहीं देखा गया, क्योंकि उसे जिजीविषा के लिए उद्देश्य मिल गया।

जीवन उद्देश्य ही वह अमृत रस है, जो जीवन की निराशा, उदासी को नष्ट कर सुखद मार्ग का निर्माण करता है। यदि जीवन में कोई उद्देश्य नहीं है तो ज़िन्दगी बोझिल होकर रह जाती है। जीवन नीरस लगने लगता है। फिर ज़िन्दगी में ज़िन्दा रहने का कोई अर्थ नहीं रह जाता और इस तरह का अर्थहीन जीवन आत्महत्या के लिए प्रेरित करता है।

अवसाद : आत्महत्या का उत्प्रेरक

डब्ल्यू.एच.ओ. की रिपोर्ट के अनुसार भारत में 20 करोड़ से अधिक लोग अवसाद और अन्य मानसिक बीमारियों से पीड़ित हैं। अकेले अवसाद के 6 करोड़ से अधिक लोग शिकार हैं। देश में काम करने वाले 42 प्रतिशत कर्मचारी अवसादग्रस्त हैं। भारत में लगभग 36 प्रतिशत लोग उम्र के किसी-न-किसी मुकाम पर अपने जीवन में कम-से-कम एक बाद अवसाद के शिकार होते हैं। नए आँकड़ों के अनुसार बच्चे या वृद्ध सभी अवसाद के शिकार हो रहे हैं। 50 वर्ष से अधिक आयु की महिलाएँ या 12-15 वर्ष के बच्चे अवसाद से घिरे हैं।

दुनियाभर के 14 प्रतिशत आत्महत्या के मामले में भारत में होते हैं, जिसका प्रमुख कारण है : मानसिक तनाव, दुश्चिन्ता और अवसाद।

तनाव ऐसी स्थिति है जिसमें व्यक्ति किसी विषय पर लम्बे समय तक उलझा रहता है। इससे मानसिक दबाव भी बना रहता है। लगातार तनाव बने रहने से स्वास्थ्य भी प्रभावित होता है।

दुश्चिन्ता में व्यक्ति मानसिक या भावनात्मक तौर पर दबाव महसूस करता है। ज़्यादा चिन्ता, दुश्चिन्ता में बदलेगी जो शरीर के लिए तनाव से भी अधिक ख़तरनाक हो सकती है। इस स्थिति में व्यक्ति हमेशा भविष्य में कुछ ग़लत घटित न हो जाने के बारे में सोचता रहता है।

अवसाद या डिप्रेशन में व्यक्ति हमेशा उदास रहता है। उसे किसी-न-किसी प्रकार की निराशा बनी रहती है या वो लाचारी की भावना को महसूस करता है। किसी कार्य में मन नहीं लगता। वह अपने ही ग़म में डूबा रहता है, उदास रहता है।

अवसाद व्यक्ति को आत्महत्या की ओर ले जाने को प्रेरित करता है। हमारे देश में हर आयु वर्ग के लोगों द्वारा की जाने वाली आत्महत्या का एक प्रमुख कारण अवसाद है।

ज़िन्दगी उतार-चढ़ावों से भरी है और इसमें सुख-दु:ख, मिलना-बिछड़ना, प्रेम-विषाद, अमीरी-ग़रीबी, उम्र, बीमारी, अपने-पराये, जीवन-मरण, माँ-पिता, पति-पत्नी, बच्चे, रिश्तेदार, पद, प्रतिष्ठा महत्त्वपूर्ण भूमिका निभाते हैं, पर हर बार सब कुछ अपने मन जैसा हो, सिर्फ़ प्राप्त ही हो, अप्राप्य कुछ न हो, आकांक्षाएँ, अपेक्षाएँ पूर्ण हों, यह सम्भव ही नहीं है और जब ऐसा नहीं होता तो (जब असफलताएँ होती हैं) एक धुएँ का बादल मन पर छाता जाता है, न कुछ अच्छा लगता है, न करने की इच्छा होती है। स्वयं के न होने का भय या ख़ुद को खोने का एहसास हावी होने लगता है। अपनी उपादेयता ख़त्म होती-सी लगती है। मन दु:खों की चादर ओढ़े-सा लगता है। लगता है ज़िन्दगी बस बोझ है और इसे ढोते जाना है। जीवन नीरस लगता है। यह अवसाद की शुरुआत है और यह भावनाएँ ज़िन्दगी में पूरी तरह समा जाती हैं, तो समझ लीजिए व्यक्ति अवसादग्रस्त हो गया।

डिप्रेशन क्यों?

बदलती हुई सामाजिक व्यवस्थाएँ, टूटते हुए परिवार, अपरिमित आकांक्षाएँ, अनकही व्यथाएँ, अकेलापन, सबको पछाड़कर आगे बढ़ने की जलन, प्रतिस्पर्धा, दूसरों के सामने मुखौटा ओढ़े रखने की प्रवृत्ति, अप्राप्य को प्राप्त करने की चाहत से उपजी चिन्ता और फ्रस्ट्रेशन डिप्रेशन का कारण बनने लगते हैं।

अवसाद या डिप्रेशन के संकेत या लक्षण

मनोचिकित्सक बताते हैं कि डिप्रेशन के कुछ संकेत होते हैं। आपका कोई अपना, दोस्त, सहकर्मी या कोई और जानने वाला अगर डिप्रेशन से जूझ रहा हो तो उसके व्यवहार पर ग़ौर करना ज़रूरी है। डिप्रेशन से जूझ रहे लोगों की बातों में, उनके व्यवहार में बदलाव जैसे लक्षण देखे जाते हैं।

आइए जानते हैं उन संकेतों के बारे में, जिससे डिप्रेशन की स्थिति के बारे में पता चलता है :

नींद

- डिप्रेशन में व्यक्ति को नींद न आने की परेशानी शुरू हो जाती है या फिर वह बहुत सोने लगता है।

भूख

- डिप्रेशन में कई बार लोगों को कुछ भी खाने का मन नहीं होता। उन्हें भूख का अनुभव नहीं होता, वहीं कुछ मामलों में देखा गया है कि व्यक्ति को कुछ ज़्यादा ही भूख लगने लगती है।

वज़न

- डिप्रेशन में व्यक्ति का वज़न या तो बढ़ जाता है या फिर घटने लगता है। हर महीने व्यक्ति के वज़न में औसतन पाँच फीसदी बदलाव देखा जाता है।

उदासी या अकेलापन

- उदासी डिप्रेशन का एक बड़ा संकेत है। कई बार ऐसा देखा जाता है कि लोग अपनों के बीच, दोस्तों और परिवार के बीच भी ख़ुश नहीं रह पाते। अकसर वह भीड़ में अकेलापन जैसा महसूस करते हैं।

थकान या सुस्ती

- डिप्रेशन में कई बार बिना मेहनत या काम किये भी थकान और सुस्ती महसूस होती है। शरीर में दर्द रहना और चेहरे पर थकान दिखना भी डिप्रेशन का बड़ा लक्षण है।

एकाकीपन

- डिप्रेशन में व्यक्ति अकेला रहना ज़्यादा पसन्द करता है। किसी के बीच रहने, बात करने का मन नहीं होता। वह अपना एक आभासी ज़ोन बना लेता है और उसी में रहना चाहता है।

मन में भटकाव

- डिप्रेशन में व्यक्ति का मन स्थिर नहीं होता है। दिमाग में कई तरह की बातें चलती रहती हैं। ज़रूरी काम से भी ध्यान हटने लगता है। कई बार व्यक्ति बहुत कुछ भूलने लगता है।

ग़ुस्सा और चिड़चिड़ापन

- छोटी-छोटी बातों पर ग़ुस्सा आना और चिड़चिड़ापन महसूस होना भी डिप्रेशन के लक्षण हैं। इस स्थिति में व्यक्ति बिना कारण के भी ग़ुस्सा हो जाता है।

मतिभ्रम

- कुछ लोगों को कभी-कभी मतिभ्रम भी हो जाता है। इससे व्यक्ति को लगता है कि कोई उनसे बात कर रहा है और तरह-तरह की आवाज़ें आ रही हैं, उसे लगता है कि कोई कह रहा है कि 'तुम पापी हो, तुम्हें आत्महत्या कर लेनी चाहिए।'

अपराधबोध

- कई बार डिप्रेशन में लोगों को हद से ज़्यादा अपराधबोध महसूस होता है। उसे अकसर लगता है कि जो कुछ ग़लत हुआ है, वह उसी की वजह से हुआ है। ऐसे में वे अन्दर-ही-अन्दर घुटते रहते हैं।

अनजाना डर

- डिप्रेशन से पीड़ित व्यक्ति के मन में किसी तरह का डर बैठ जाता है और वह उसे सच मान बैठता है। डर के ऐसे कारकों में अँधेरा, बन्द कमरा, किसी व्यक्ति का डर, किसी हादसे का डर आदि शामिल होता है।

उलटे-सीधे विचार

- डिप्रेशन में कई व्यक्ति अपनी ज़िन्दगी से परेशान हो जाते हैं। उन्हें कई बार उलटा-सीधा ख़याल आने लगता है। उन्हें लगता है कि उनकी ज़िन्दगी में कुछ नहीं बचा और उन्हें दुनिया बेकार लगने लगती है।

ज़िन्दगी व्यर्थ है, आत्महत्या कर लेनी चाहिए

- अवसादग्रस्त मनोरोगी पूरी तरह से निराशावाद से घिरा रहता है। हमेशा ही उलटी दिशा में सोचता है । उसे हर चीज़ में बुराई दिखाई देती है। वह सोचता है कि ज़िन्दगी में कुछ भी करने लायक नहीं है और अगर कुछ करेगा तो उसमें हानि ही होगी। वह परिवार और रिश्तेदारों से कटने लगता है। यहाँ तक कि लगभग 60 प्रतिशत लोगों के दिमाग में बार-बार यह बात आती है कि ज़िन्दगी बेकार है, आत्महत्या कर लेनी चाहिए।

डिप्रेशन टेस्ट

मनोवैज्ञानिक सलाहकार डॉ. अलका व्यास ने डिप्रेशन टेस्ट एक प्रश्नावली के लिए बनाई है, इसमें कुछ सरल प्रश्न हैं। मन शान्त करके उद्वेगरहित होकर उत्तर "हाँ' या 'ना' में दे। ('हाँ' तभी टिक करें, जब यह अवस्था 10-15 दिन से चल रही हो)

1.	क्या आपका किसी काम में मन नहीं लगता और उदासीन बने रहते हैं?	हाँ ☐	नहीं ☐
2.	क्या आप उन कार्यों में आनन्द नहीं ले पाते, जिनमें पहले आता था?	हाँ ☐	नहीं ☐
3.	बिना किसी कारण सुबह उठने पर भी थकान बनी रहती है?	हाँ ☐	नहीं ☐
4.	बिना कारण आपका वज़न बढ़ने-घटने लगा है?	हाँ ☐	नहीं ☐
5.	कभी-कभी आत्महत्या का विचार मन में आने लगा है?	हाँ ☐	नहीं ☐
6.	क्या आपको बिना कारण रोना आने लगा है?	हाँ ☐	नहीं ☐
7.	आप बिना कारण क्रोधित, चिड़चिड़े या बेचैन रहने लगे हैं?	हाँ ☐	नहीं ☐
8.	आपको लगता है किसी को आपकी ज़रूरत नहीं है?	हाँ ☐	नहीं ☐
9.	क्या आपका मूड और लाइफ़स्टाइल अचानक बदलता है?	हाँ ☐	नहीं ☐
10.	क्या आप अनिद्रा के शिकार हो रहे हैं?	हाँ ☐	नहीं ☐

अगर छह या अधिक प्रश्नों के उत्तर 'हाँ' में हैं और काफ़ी दिनों से यह स्थिति है, तो आपको सहायता की आवश्यकता है। आप अपनों से बात कीजिए या प्रोफेशनल काउंसलर की सहायता लीजिए।

अवसाद (Depression) को कैसे करें टाटा?

जीवन में यदि समस्याएँ हैं तो समाधान भी हैं। यह कोई कठिन नहीं हैं बस उन्हें खोजने की आवश्यकता है। यह मान लीजिए अवसाद कोई बड़ा मनोरोग नहीं है, पर अगर इसकी उपेक्षा की जाए तो यह कई सारे दु:ख और मानसिक आधि-व्याधियों का प्रमुख कारण बन जाता है।

अवसाद को टाटा करने के लिए अग्रलिखित बिन्दुओं पर ध्यान देना और उनके अनुसार चलना आवश्यक है :

- **ओवरथिंकिंग :** ओवरथिंकिंग यानी ज़रूरत से ज़्यादा सोच आपको बीमार बना रहा है, बहुत बीमार। यह आपको डिप्रेशन और एंग्ज़ाइटी की ओर धकेल सकता है। ऐसे में यह ज़रूरी है कि आप अपने दिमाग को दूसरी ओर मोड़ें और मानसिक तौर पर ख़ुद को थोड़ा आराम दें। येल विश्वविद्यालय में मनोविज्ञान के प्रोफ़ेसर रहे डॉ. सुमान नोलेन होएकसेमा कहते हैं, "हर कोई अपनी ज़िन्दगी में कभी-न-कभी ऐसे दौर से गुज़रता है, लेकिन जो इसे सँभाल नहीं पाता, डिप्रेशन का शिकार हो जाता है।"
- **मुस्कान :** चेहरे पर मुस्कान ज़रूरी है। इससे मूड को अच्छा करने में मदद मिलती है, चिन्ता और अवसाद कम होता है। जब आप निराशा महसूस कर रहे हों, तो चेहरे पर हल्की-सी मुस्कान सकारात्मक विचारों का संचार करती है। हाल ही में हुए शोध में सामने आया है कि मुस्कुराने से आत्मविश्वास बढ़ता है और अवसाद में कमी आती है।
- **जीवन-शैली :** अच्छी जीवन-शैली का विकास करना चाहिए जो सरल, सहज और दिखावारहित हो। मनोरंजन का ध्यान रखें। दुखभरी फ़िल्में, सीरियल, कहानियाँ अवसाद को बढ़ाती हैं।
- **नींद और व्यस्तता :** अच्छी नींद, अच्छा पाचन और व्यस्तता हो तो डिप्रेशन कोसों दूर रहता है। उचित समय पर स्वरुचिपूर्ण भोजन, पर्याप्त नींद और आवश्यकतानुसार स्वयं को व्यस्त रखना ज़रूरी है। अपना काम स्वयं करने की आदत डालनी चाहिए। दूसरों पर कम निर्भरता और कम-से-कम अपेक्षा अवसाद से बचने का मूलमंत्र है।
- **अति-महत्त्वाकांक्षा :** अति की महत्त्वाकांक्षा, अति की अपेक्षा, अति-पूर्णतावादी होना अवसाद का कारण बनता है। अर्जुन ने श्रीकृष्ण से पूछा, "ज़हर क्या है?" कृष्ण ने बहुत सुन्दर उत्तर दिया :

वो हर चीज़ जो ज़िन्दगी में आवश्यकता से अधिक होती है वही ज़हर है। चाहे वह धन की हो, ताक़त की हो, भूख हो, लालच हो, आर्यमान हो, आशक्ति की महत्त्वाकांक्षा हो, ज़हर ही है।

इसीलिये कहा गया है :

ख़्वाहिशें कम करो, ज़िन्दगी यह बताती है।
बोझ अगर ज़्यादा हो तो नाव डूब जाती है।

अतः, अपनी सीमाओं को पहचानना ज़रूरी है—

सकारात्मक सोच

- जीवन में सकारात्मक सोच होना बहुत सारी कठिनाईयों से छुटकारा दिलाता है। यह सुख, शान्ति और तनाव-मुक्ति की एक तरह की कीमिया दवा है। सकारात्मक सोच का अभाव ही अवसाद का मूल कारण है।

सोशल मीडिया

- सोशल मीडिया, फेसबुक आदि व्यक्ति को साथी देते हैं, वहीं अवसाद का कारण भी बनते हैं। इनका सीमित उपयोग करना चाहिए।

टॉक थैरेपी

- अवसाद की मनोविज्ञान में श्रेष्ठतम चिकित्सा है टॉक थैरेपी यानी बातचीत या संवाद चिकित्सा। मन की गाँठ खोल कुछ अपनी कहें कुछ दूसरों की सुनें। छोटे बच्चों के साथ भी समय बिताएँ।

नियमित व्यायाम

- नियमित रूप से व्यायाम करने से भी मानसिक अवसाद को नियंत्रित किया जा सकता है। व्यायाम इस प्रकार से करना चाहिए ताकि प्राकृतिक रूप से शरीर के सभी स्नायु सक्रिय हो सकें। घूमना इसी तरह का व्यायाम है। इस व्यायाम को कभी भी कोई भी कर सकता है। यौगिक आसन भी मानसिक अवसाद में फ़ायदा पहुँचाते हैं। इनमें वक्रासन, भुजंगासन, शलभासन, सर्वाभासन, शवासन, प्राणायाम जैसे आसन प्रमुख हैं। इसके अलावा जोगिंग, टीम में खेले जाने वाले खेल, तैराकी, बागवानी आदि अवसाद नियंत्रित करने में सहायक हैं।

म्यूज़िक मसाज

- कहा जाता है कि नींद हज़ार मर्ज़ों की एक दवा है, लेकिन आज तनाव और अवसाद के दौर में नींद कहीं काफ़ूर हो गई है और सुबह बड़ी बोझिल लगती है। भारतीय प्रौद्योगिकी संस्थान, कानपुर ने इसका समाधान ढूँढ़ निकाला है। रात में म्यूज़िक मसाज लेकर देखिए, शास्त्रीय संगीत न सिर्फ़ एकाग्र करेगा, बल्कि चिन्ता, तनाव, अवसाद से मुक्ति के साथ ऊर्जा देगा व गहरी नींद के आगोश में ले जाएगा। अगली सुबह न सिर्फ़ खिली-खिली होगी, बल्कि सकारात्मकता के साथ बेहतर काम करने के लिए प्रेरित करेगी।

हास्य : अवसाद का टॉनिक

हँसने वाला व्यक्ति आत्महत्या नहीं कर सकता।—**ओशो**

- हमारे जीवन और समाज में लगातार तनाव और अवसाद बढ़ रहा है। आज की भाग-दौड़ वाली ज़िन्दगी में लोग हँसना भूलते जा रहे हैं। पिछले समय में हुए कई वैज्ञानिक शोधों से यह स्पष्ट हो चुका है कि हास्य शरीर पर बहुत गहरा सकारात्मक प्रभाव डालता है।

यह न केवल बीमारी रोकता है, वरन हृदयघात, ब्लडप्रेशर जैसी बीमारियों से लड़ने में मदद करता है। अतः अवसाद को दूर करने में हास्यरूपी टॉनिक का भरपूर इस्तेमाल करना चाहिए।

हँसी के बारे में मुनिश्री तरुणसागर कहते हैं :

हँसना एक औषधि है। यह औषधि बिना पैसे के मिलती है और इसका कोई साइड इफेक्ट भी नहीं होता। हँसी शरीर के लिए पेनकिलर की तरह है। हँसी संक्रामक है। आस-पास के लोगों को देख आप भी हँसने लगते हैं। विटामिन की गोलियाँ असर नहीं कर रही तो हँसिए, पहचान बनानी है तो हँसिए, ज़िन्दादिली से जीना है तो हँसिए। अवसाद भगाना है तो हँसिए।

- महात्मा गांधी भी हँसने और मज़ाक़ करने से बाज़ नहीं आते थे। उनका कहना था कि अगर वे हँसना नहीं जानते तो कब के पागल हो जाते।
- हास्य से ज़िस्म ही नहीं मन भी तरोताज़ा होता है। ओशो ने हास्य को ध्यान कहते हुए कहा है कि जो व्यक्ति हँसना नहीं जानता, उसके लिए आध्यात्मिक होना असम्भव है, *या-हू द मिस्टिक रोज़* में ओशो लिखते हैं :

हँसने वाले व्यक्ति को दिल का दौरा नहीं पड़ सकता। हँसने वाला व्यक्ति आत्महत्या नहीं कर सकता।

किसी शायर ने ठीक ही कहा है :

ज़िन्दगी एक हसीन ख़्वाब है जिसमें जीने की चाहत होना चाहिए।

अवसाद अपने आप चला जाएगा, सिर्फ़ हँसने की आदत होना चाहिए।

प्रकृति से निकटता

- प्रकृति के निकट आइए, सूर्य की पहली किरण को देखिए। सरसराती हवा को अपने अन्दर समेटिए, फूल-पत्तियों के रंग-रूप को निहारिए। पेड़ों की टहनियों पर लदे फलों को देखिए।
- बहते झरने, नदी, समुद्र का संगीत सुनिए। सुबह की शीतल हवा का आनन्द लीजिए। पेड़ों-पहाड़ों पर छाई डालियों से बात कीजिए। पहाड़ियों की चहचहाहट सुनिए। इस तरह अपने मन को प्रकृति के पास ले जाइए। फिर देखिए अवसाद ग़ायब हो जाएगा और ख़ुशियाँ आपके चेहरे पर अपने आप झलक जाएँगी।

किसी विद्वान का यह कथन कितना सटीक है :

प्रकृति जीवन्त है, जीवन है,
प्रकृति के क़रीब रहेंगे तो अवसाद के भाव घर नहीं करेंगे और हमेशा ख़ुशी महसूस करेंगे।

शौक़

- ज़िन्दगी में कुछ शौक़ का होना ज़रूरी है। बाग़बानी, पुस्तकें पढ़ना, पर्यटन...कुछ भी जो आनन्द देता है। मेरे एक परिचित हैं। उनके दोनों बच्चे विदेशों में हैं। अवसाद दूर करने का उन्होंने एक उपाय ढूँढ़ा है। बगीचा लगाया है और कुछ ख़रगोश पाले हैं, उनके साथ खेलते, दौड़ते, दुलारते और बात करते हैं और आनन्दित हैं।

एंटी डिप्रेशन औषधि

- उदासीनता आदमी को मानसिक रूप से पंगु बना देती है। इससे उबरना बहुत ज़रूरी है, यह काम थोड़ा कठिन ज़रूर है, लेकिन नामुमकिन नहीं। वर्तमान चिकित्सा पद्धति में एक है, एंटी डिप्रेशन औषधि जो उदासीन व्यक्ति की सोच में बदलाव ला देती है। अपनी ज़िन्दगी को भारस्वरूप और व्यर्थ समझने वाले व्यक्ति

की सोच उसके उपयोग से सकारात्मक होने लगती है और उसमें जीवन जीने के प्रति उत्साह पैदा हो जाता है।

परिवार एवं मित्र

- ओरेगन हेल्थ एंड साइंस यूनिवर्सिटी के शोधकर्ताओं के एक ग्रुप ने पाया कि जो लोग अपने परिवार और मित्रों से नियमित मिलते रहते हैं उनमें उन लोगों के मुकाबले अवसाद के लक्षण कम पाए जाते हैं जो अकेले रहते हैं या फ़ोन या ईमेल के ज़रिए बात करते हैं।
- अध्ययन से यह भी पता चला है कि लोगों से आमने-सामने मिलने से होने वाले लाभ काफ़ी समय तक अपना असर दिखाते हैं। मनोविज्ञान के प्रोफ़ेसर एलनटिओ का कथन है कि लोगों को अवसाद से बचने के लिए अपने ख़ास रिश्तेदारों और मित्रों से नियमित संवादरत और मिलते-जुलते रहना चाहिए। टीम ने शोध में पाया कि सामाजिक रूप से मिलने-जुलने के सभी तरीक़े एक समान प्रभाव डालते हैं।

संकटकाल का मित्र : धैर्य

धैर्य हमारे संकटकाल का मित्र है। इसी से हमें सांत्वना मिलती है। कैसी भी हानि या क्षति हो जाए, धैर्य उसे भुलाने का प्रयत्न करता है। धैर्य न हो तो मानसिक दौर्बल्य के कारण हमारा मन सदा भयभीत रहेगा। जब मनुष्य के मन में शंका बढ़ जाती है, तब दु:ख के मिट जाने पर भी उसका आभास रहा करता है। जो व्यक्ति धीरजवान होते हैं, वे संकट के समय अपने विवेक को नष्ट नहीं होने देते। उनके आत्मबल के कारण ही उस समय शान्ति मिलती है और दूसरे लोग भी उनका अनुसरण करने को बाध्य होते हैं। तब वह संकट उतना व्यथित नहीं करता, जितना धीरज के अभाव में।

लन्दन के डॉक्टर डेनिस का कथन है कि :

> *वर्तमान वैज्ञानिक युग में सबसे बड़ी समस्या है अधीरता यानी धैर्य का अभाव। आज दुनिया तेज़ गति की दीवानी भले ही हो, किन्तु इस हड़बड़ी से लोगों का सुख-चैन छिन गया है और इसने अनेक बीमारियों को जन्म दिया है, उनमें से एक है अवसाद यानी नर्वस ब्रेकडाउन। अवसादग्रस्त व्यक्ति ही आत्महत्या की ओर क़दम बढ़ाता है।*

मन-मस्तिष्क में अधीरता और हड़कम्प की प्रक्रिया से शरीर बुरी तरह प्रभावित होता है, इस बारे में मनोचिकित्सकों का कहना है कि इससे रक्तचाप की अधिकता, नर्वस ब्रेकडाउन जैसे रोग लग जाते हैं। लगातार हड़बड़ी में रहने वाले लोग अकसर गहरी साँस नहीं ले पाते जिससे उनके मस्तिष्क को

ऑक्सीजन की कम मात्रा मिल पाती है और उपयोगी हार्मोन के स्थान पर अनुपयोगी हार्मोन स्रावित होते रहते हैं, जो अनेक बीमारियों और विपत्तियों को जन्म देते हैं और बेचैन तथा व्यग्र बनाए रखते हैं। अधीरता, अशान्ति की जननी है। कहा भी गया है :

उतावला सो बावला, धीरा सो गम्भीरा।

आत्महत्या की बढ़ती हुई घटनाएँ

धैर्यवान मनुष्य के अन्तःकरण में अत्यन्त शान्ति, भविष्य की सुखद आशा और उदारता की प्रबलता रहती है। वह बुरे दिनों के फेर में पड़कर घबराता नहीं, बल्कि उन दिनों को हँसते हुए टालने की चेष्टा करता रहता है।

इसके विपरीत जिसके मन में धैर्य नहीं होता, उसके मन में आशा-निराशा की तरंगें उठती हैं; वे वैसी ही हैं जैसे कोई बालू की दीवार खड़ी होकर भी ढह पड़े। संकट के समय उसकी मानसिक वेदना बढ़ जाती है और वह अपने भावों पर नियंत्रण रखने में समर्थ नहीं होता। ऐसे लोगों की दशा बहुत ख़राब होती देखी गई है और उनमें भी कुछ अत्यन्त दुर्बल प्रवृत्ति के मनुष्यों का सन्तुलन तो यहाँ तक बिगड़ जाता है कि वे आत्महत्या तक कर बैठते हैं।

डॉ. लुहंगी जैकोवैली अमेरिका के प्रसिद्ध हृदय रोग विशेषज्ञ का कथन है कि वर्तमान युग में मनुष्य जितना बेचैन है, अधैर्यवान है, उतना कभी नहीं देखा ग्या। हर समय भागमभाग, प्रत्येक काम में उतावली और अधीरता ने मनुष्य का मस्तिष्क खोखला कर दिया है। यही कारण है कि दिनोंदिन आत्महत्या करने वालों की संख्या बढ़ती जा रही है।

सन्तुष्टि की कुंजी : धैर्य

धैर्यरहित स्थिति यानी अधीरता में छोटा कार्य भी बड़ा हो जाता है। वस्तु हाथ में है पर अधीरता के कारण वह इधर-उधर ढूँढ़ता फिरता है। चश्मा आँखों पर लगा हुआ है, पर वह चारों तरफ़ ढूँढ़ता फिरता है। अधीर व्यक्ति को कर्त्तव्य और अकर्त्तव्य का भी भान नहीं रहता है। वह अनुचित कार्य करने

में भी पीछे नहीं रहता। शक्तिशाली व्यक्ति भी अधीरता से कमज़ोर बन जाता है। तेज़ी से चलने वाली मोटर को भी ड्राइवर मोड़ के स्थान पर धीमी कर देता है। यदि ऐसा धैर्य ड्राइवर में न हो तो मोटर को ख़तरा हो सकता है। हमारे देश में रात-दिन बड़ी संख्या में होने वाले एक्सीडेंट का सबसे बड़ा कारण, वाहन चालक की अधीरता ही है।

धैर्य के बल पर आप किसी भी दु:ख का सामना कर सकते हैं और किसी भी हार से बच सकते हैं। धैर्य के बल पर आप अपने भाग्य पर नियंत्रण कर सकते हैं और अपनी मनचाही चीज़ प्राप्त कर सकते हैं। धैर्य सन्तुष्टि की कुंजी है, आपके लिए और उन लोगों के लिए जो आपके साथ रहते हैं, इसलिए कहा गया है :

कारज धीरे होतु हैं, काहे होत अधीर
समय पाय तरवर फलैं, केतक सींचो नीर।

धैर्य : सबसे बड़ा गुण

इंग्लैंड के पूर्व प्रधानमंत्री विलियम पीट ने एक बार विद्वानों की सभा में प्रश्न किया कि प्रधानमंत्री अथवा किसी देश के राष्ट्राध्यक्ष के लिए आवश्यक गुण कौन-सा होना चाहिए? किसी ने कहा 'परिश्रम' तो किसी ने कहा 'उत्साह', एक ने कहा 'वाकपटुता' तो दूसरे ने कहा 'निडरता', इस प्रकार सभी ने अपनी-अपनी दृष्टि से अलग-अलग बातें बताई, लेकिन विलियम पिट को सन्तोष नहीं हुआ। उसने कहा, " 'धैर्य' से बढ़कर दूसरा कोई गुण शासक के पास नहीं हो सकता। अगर शासनकर्ता के पास धीरज का गुण नहीं होगा तो वह कभी भी युद्ध का प्रसंग खड़ा कर सकता है।"

धैर्य ने बचाया आत्महत्या करने से

याद रखें कि धैर्य का फल हमेशा मीठा होता है। धैर्य रखना पूरी तरह आध्यात्मिकता होने जैसा है और धैर्य से ही आप हर स्थिति में मुक़ाबला कर सकते हैं। यह बात स्पष्ट करने के लिए एक उदाहरण प्रस्तुत है :

एक धनी व्यक्ति को डॉक्टर ने बताया कि उसकी ज़िन्दगी पाँच महीने से ज़्यादा नहीं है। उस वृद्ध व्यक्ति के तीन बेटे थे। उसने अपनी वसीयत में तीनों के लिये बराबर सम्पत्ति बाँट दी, लेकिन सबसे छोटे बेटे को उसने एक अँगूठी उपहार के रूप में अलग से दी। उससे यह भी कहा, "तुम मेरे तीनों बेटों में सबसे छोटे हो और उनके मुकाबले अनुभव भी तुम्हें नहीं है, इसलिए तुम्हें मैं यह अँगूठी दे रहा हूँ जब तुम स्वयं को किसी मुसीबत में पाओ या परेशानी आए, तब तुम इस अँगूठी का उपयोग करना।"

उस सबसे छोटे बेटे ने वह अँगूठी पहन ली और फिर वह अपने कामकाज में इतना व्यस्त हो गया कि वह इसके बारे में भूल गया। तीनों बेटों ने अपना-अपना कारोबार जमा लिया। छोटा बेटा शिपिंग लाइन के काम में लग गया। एक बार एक ही दिन में उसके दो जहाज डूब गए। फलस्वरूप उसे अपनी सारी सम्पत्ति से हाथ धोना पड़ा। कर्ज़दारों के तक़ाज़ों के कारण उसे अपने रहने का घर भी बेचना पड़ा। वह इस मुसीबत से बेचैन हो उठा, ज़िन्दगी भार लगने लगी। आत्महत्या करने का विचार आने लगा। तभी उसे यकायक अपने पिता का उपहार याद आया। उसने अँगूठी निकाली और उसे ग़ौर से देखा। उसने देखा कि अँगूठी के नग के नीचे की तरफ़ कुछ लिखा हुआ है। उस लिखे हुए को पढ़ने के लिए उसने अँगूठी रगड़ी। काफ़ी रगड़ने के बाद भी उसे नहीं पढ़ पाया, तब उसने मेग्नीफाइंग ग्लास से उसे देखा। उस पर लिखे शब्दों ने उसकी पूरी ज़िन्दगी ही बदल दी। उस पर लिखा था : 'मेरे बेटे धैर्य रखो, यह समय भी निकल जाएगा!' धैर्य रखकर उसने पुनः अपना व्यवसाय चालू किया और बाद में वह सबसे बड़ी शिपिंग कम्पनी का मालिक बना। स्पष्ट है कि धैर्य के कारण ही वह आत्महत्या करने से बच सका।

किसी शायर ने क्या ख़ूब कहा है :

सब्र कर बन्दे ये मुसीबत के दिन भी गुज़र जाएँगे,
जो तेरे हालात देखकर तुम पर हँसते हैं,
कल वे तुझे देखते रह जाएँगे।
थोड़ी देर में लालबत्ती हरी हो जाएगी!

धैर्य का परिणाम सब कार्यों में देखा जा सकता है। वैसे धैर्य अलभ्य वस्तु नहीं है। अपने मन को थोड़ा नियंत्रित कीजिए उसकी चंचलता को रोकिए और किसी भी कार्य में उतावली न करने का निश्चय कर लीजिए, जहाँ अपने असंयम पर विजय प्राप्त की, वहीं धैर्य की प्राप्ति हो गई, समझिए।

जीवन में प्राय: हम किसी-न-किसी समस्या से जूझ रहे होते हैं। वास्तव में समस्या ट्राफिक की लालबत्ती की तरह होती है। थोड़ी देर प्रतीक्षा करने के बाद बत्ती हरी हो जाती है और हमारी गाड़ी आगे बढ़ जाती है। उसी प्रकार यदि धैर्य रखकर प्रयास करें तो समस्या का हल भी नज़र आ जाता है। समस्या कुछ भी हो उसके सामने डटकर खड़े रहना चाहिए, क्योंकि समय पर खट्टी कैरी भी मीठे आम में बदल जाती है। समस्याएँ और कठिन परिस्थितियाँ एक वॉशिंग मशीन की तरह हैं जो हमें रगड़ती, ठोकर मारती, घुमाती और निचोड़ती भी है, परन्तु जब भी हम उससे बाहर आते हैं तो हमारा व्यक्तित्व पहले की अपेक्षा अधिक साफ़-सुथरा, चमकीला और बेहतर होता है।

धर्म और अध्यात्म : साहस और सांत्वना का स्त्रोत

धर्म और अध्यात्म दुखदायी, प्रतिकूल और संकटकालीन परिस्थितियों में हमें सांत्वना देता है, ढाढ़स बँधाता है, मार्गदर्शन प्रदान करता है और हमें अनहोनी करने से बचाता है।

सम्पन्न और सफल व्यक्ति भी किसी-न-किसी मोड़ पर असफलता से इतने निराश हो जाते हैं कि जीवन समाप्त करने चल पड़ते हैं। मगर यदि सही समय पर, सही सलाह मिल जाए तो वही व्यक्ति जीवन में लौटकर इतिहास रच देता है। ऐसा ही वाकया हुआ सुपरस्टार अमिताभ बच्चन के पिता और हिन्दी के महान कवि हरिवंशराय बच्चन के साथ। वे गंगा नदी में डूबकर आत्महत्या करने चले थे, लेकिन ऐन वक़्त पर एक अंग्रेज़ ने उन्हें गीता का ज्ञान सुनाया। इससे वे हतप्रभ रह गए और फिर जीवन की ओर लौट आए।

अमेरिका में हुए एक शोध से भी यह साबित हो चुका है कि धार्मिक प्रवृत्ति के लोग अवसाद के शिकार कम होते हैं। ऐसे लोगों के मस्तिष्क की बाहरी सतह यानी कॉर्टेक्स मोटी होती है। अमेरिका की कोलम्बिया यूनिवर्सिटी में हुए इस शोध की प्रमुख डॉ. माइरना वाइजमैन कहती हैं :

मस्तिष्क हमारे विचारों और मनोदशाओं का आइना होता है।

नए शोध से पता चलता है कि मस्तिष्क की बाहरी सतह की मोटाई और आध्यात्मिकता में गहरा रिश्ता होता है जो धार्मिक और आध्यात्मिक प्रवृत्ति के होते हैं, उनके कॉर्टेक्स की मोटाई अधिक होती है।

इससे यह भी पता चला है कि जो लोग अवसाद के शिकार होते हैं उनके कॉर्टेक्स की सतह धार्मिक लोगों के मुकाबले पतली होती है। हम चाहे इसे किसी भी रूप में लें, लेकिन सच तो यह है कि विपरीत परिस्थितियों में धर्म हमारे लिए एक महत्त्वपूर्ण आश्वासन है। यह हमें हारने के भय से बचाता है और हमें भविष्य में आस्था रखना सिखाता है।

अमेरिका की बाडरबिल्ट यूनिवर्सिटी के एक ताज़ा शोध में शोधकर्ताओं के सामने यह बात आई है कि धार्मिक गतिविधियों में हिस्सा लेने वालों का स्वास्थ्य बेहतर रहता है और उनकी उम्र भी बढ़ जाती है। यानी कि मन्दिर, चर्च, मस्ज़िद, गुरुद्वारा जाना आपको शान्ति ही नहीं, बल्कि शारीरिक लाभ भी देता है। शोधकर्ताओं ने पाया कि ऐसे लोग जो मन्दिर, मस्ज़िद, चर्च या अन्य धार्मिक स्थलों पर जाते हैं उनकी असमय मौत का ख़तरा 55 प्रतिशत कम हो जाता है। शोधकर्ता मेरिनो ब्रूस ने कहा :

> *शोध के नतीजे इसका समर्थन करते हैं कि आस्था का तनावमुक्त रहने और लम्बी उम्र से सम्बन्ध है, ऐसे स्थान जहाँ आपको आस्था का अनुभव होता हो, आपकी सेहत के लिए अच्छे हैं।*

प्रार्थना मन की शक्ति को जाग्रत करती है

जीवन की प्रत्येक अवस्था में प्रार्थना का महत्त्व है। जब मनुष्य अपने आपको कमज़ोर, असहाय, बेबस और उपेक्षित महसूस करता है और नकारात्मकता उसे घेर लेती है, बार-बार आत्महत्या का विचार आता है, तब प्रार्थना उसके मन की शक्ति को जाग्रत कर एक सम्बल देती है। इस प्रकार प्रार्थना मुश्किल के समय एक चमत्कारिक शक्ति के रूप में कार्य करती हैं।

अंग्रेज़ कवि टेनीसन का कथन है :

> *सांसारिक मनुष्य जो सोचता है और करता है, उससे कही अधिक सामर्थ्य प्रार्थना में है। प्रार्थना तो परमेश्वर से वार्तालाप करने की एक आध्यात्मिक प्रणाली है।*

सुप्रसिद्ध मनीषी नार्मन विन्सेंट पाल ने अपनी पुस्तक 'ट्रेज़री ऑफ़ करेज एंड कॉनफिडेंस' में लिखा है कि :

जीवन को पवित्र, प्रखर, सुखमय एवं क्षमता सम्पन्न बनाने के लिए नियमित रूप से प्रार्थना करना अनिवार्य है। यह प्राण ऊर्जा उत्पन्न करने की, शारीरिक, मानसिक, स्वास्थ्य संवर्धन की सर्वोच्च साधना है।

प्रार्थना की शक्ति के अभाव में मैंने आत्महत्या कर ली होती : महात्मा गांधी

जापान का प्रसिद्ध धर्म है, 'शिष्टों'। इस शब्द का अर्थ है, 'दी वे ऑफ़ क्रामी' अर्थात श्रेष्ठता, पवित्रता। देवताओं तक पहुँचने का मार्ग प्रार्थना है। शिष्टों धर्म की मान्यता है कि देवता अदृश्य, अशरीरधारी, दिव्य शक्तियाँ हैं जो सच्ची प्रार्थना का प्रत्युत्तर भी दिया करती हैं।

डॉ. कैरिल का कथन है :

जब हम प्रार्थना करते हैं तो स्वयं को उस शक्ति से जोड़ लेते हैं जो सम्पूर्ण विश्व का संचालन एवं नियंत्रण करती है जिसकी सीमा अपरिमित है।

होर्न नामक विद्वान ने कहा है :

प्रार्थना विश्वास की आवाज़ है। हृदय से की गई प्रार्थना विपत्तियों को दूर करती हैं।

भारत में महात्मा गांधी एक महान नेता के रूप में अवतरित हुए हैं। यदि वे प्रार्थना की जीवनदायिनी शक्ति से प्रेरणा न पाते तो टूट कर रह जाते। गांधी जी ने स्वयं एक स्थान पर लिखा है कि :

प्रार्थना की शक्ति के अभाव में मैंने आत्महत्या कर ली होती।

मनोवैज्ञानिक ऊर्जा का विपुल स्त्रोत

प्रार्थना मनोवैज्ञानिक ऊर्जा का विपुल स्त्रोत है। जब हम दुख के बीच स्वयं को असहाय पाते हैं, जीवन को निरर्थक मानकर आत्महत्या की सोच से घिर जाते हैं, ऐसे समय में प्रार्थना हमारी सबसे अधिक मददगार होती है। वह हमारे मन को सकारात्मक विचारों की ओर ले जाती है। आशाओं को पुनर्जीवित करती है और निराशा के गर्त से बचाती है। वह जीवन के दु:खों और परेशानियों के क्षणों का सामना करने हेतु हमें साहस देती है।

एक नये शोध में विस्कोसिन मेडिसन विश्वविद्यालय के शोधकर्ताओं ने दावा किया कि जो लोग जीवन के कठिन दौर में प्रार्थना का रास्ता चुनते हैं, वे अपनी भावनाओं और परेशानियों का मुकाबला आसानी से कर लेते हैं। अमेरिका में 75 प्रतिशत लोग ऐसे हैं जो बीमारी, दु:ख, सदमे के कारण होने वाले नकारात्मक प्रभाव से बचने के लिए सप्ताह में एक बार प्रार्थना करते हैं।

दु:ख का बोझ अकेले न ढोकर दूसरों में भी बाँटे

प्रार्थना करके हम अपने वास्तविक दु:ख को वाणी में प्रकट कर सकते हैं। इसलिए प्रार्थना करना, बहुत कुछ अपनी समस्याओं को क़ाग़ज़ में उतारने जैसा है। यदि हम किसी समस्या को लेकर ईश्वर की सहायता चाहें तो भी हमें उसे वाणी में प्रकट करना पड़ता है।

प्रार्थना से हमें ऐसा महसूस होता है कि मानो हम अपने दु:ख का बोझ अकेले न ढोकर दूसरों में बाँट रहे हैं। हममें से कुछ लोग ऐसे भी समर्थ होते हैं जो अपने दु:ख का बोझा अकेले ही सह लेते हैं। कभी-कभी हमारे कष्ट ऐसे ही होते हैं जिन्हें हम अपने निकटतम रिश्तेदारों एवं अभिन्न मित्रों को भी नहीं बता सकते। ऐसी स्थिति में अपना दु:ख व्यक्त करने के लिए प्रार्थना एकमात्र उपाय रह जाता है। कोई भी मनोरोग चिकित्सक आपको यह बता सकेगा कि चिकित्सा की दृष्टि से तनावग्रस्त, व्याकुल एवं कष्ट की अवस्था में अपने दु:खों को दूसरों के सामने व्यक्त कर देने से बड़ा लाभ होता है और कुछ दु:ख ऐसे भी हो सकते हैं जिन्हें हम किसी से न कह सकें तो भगवान से तो निश्चय ही कह सकते हैं।

प्रार्थना सुनी जाती है : एक सत्य घटना

बड़ौदा के वरिष्ठ हृदयरोग विशेषज्ञ की सुनिए—आपबीती घटना जिसने उनके जीवन को ही बदल दिया :

एक दिन मेरे पास एक दम्पती अपनी सात साल की बच्ची को लेकर आए। परीक्षण के बाद पता चला कि उसके हार्ट में पूर्ण रूप से Clogging (चोक) हो चुकी है। मैंने अपनी टीम से चर्चा करने के पश्चात उस दम्पती से कहा कि 'ओपन हार्ट सर्जरी के बाद 30 प्रतिशत चांस है, बच्ची के बचने का। नहीं तो बच्ची के पास तीन महीने का समय है।' माता-पिता भावुक होकर बोले, 'वह सर्जरी का चांस लेना चाहेंगे।'

सर्जरी के पाँच दिन पहले बच्ची को भर्ती कर दिया गया। उसकी माँ को प्रार्थना में अटूट विश्वास था। वह सुबह-शाम बच्ची से यही कहती कि 'God lives in your heart, वह तुम्हें कुछ नहीं होने देगा।'

बच्ची की सर्जरी के दिन मैंने बच्ची से कहा, 'Don't worry, you will be alright after surgery.' उसने कहा, 'डॉक्टर साहब! मुझे ज़रा भी चिन्ता नहीं है। God is in my heart, पर सर्जरी में जब आप मेरा हार्ट ओपन करेंगे तो देखकर बताना कि गॉड कैसे दिखते हैं।'

ऑपरेशन के दौरान पता चला कि कुछ नहीं हो सकता। बच्ची को बचाना असम्भव है। हार्ट में ख़ून की एक बूँद भी नहीं जा रही थी। निराश होकर मैंने अपनी टीम को वापस टाँके लगाने का आदेश दिया। तभी मुझे बच्ची की आख़िरी बात याद आई और मैं रक्त भरे हाथ जोड़कर प्रार्थना करने लगा कि 'हे ईश्वर! मेरा अनुभव तो इस बच्ची को बचाने में असमर्थ रहा है पर यदि आप इसके हृदय में विराजमान है तो आप कुछ कीजिए।'

मेरी यह अश्रुपूर्ण प्रार्थना थी। इस बीच में जूनियर डॉक्टर ने कोहनी मारी। मैं चमत्कार में विश्वास नहीं करता पर स्तब्ध हो गया यह देखकर कि हार्ट में ब्लड सप्लाई शुरू हो गई, मेरे 45 साल के कैरियर में ऐसा पहली बार हुआ। ऑपरेशन सफल तो हो गया पर मेरा जीवन बदल गया।

मैंने बच्ची से कहा, 'ईश्वर को देखने का प्रयत्न मत करो, उसे देखा नहीं जा सकता केवल अनुभव किया जा सकता है।' इस घटना के बाद मैंने ऑपरेशन थियेटर में प्रार्थना का नियम निभाना शुरू कर दिया। मेरा अनुरोध है कि प्रत्येक व्यक्ति को प्रार्थना करनी चाहिए।

प्रार्थना ने वह कर दिखाया, जो कोई दूसरी शक्ति नहीं कर सकी। इसीलिए आध्यात्मिक लोग मानते हैं कि प्रार्थना में शक्ति होती है। एक ऐसी शक्ति, जो आपको विशिष्ट अधिकारों वाला बनाती है। प्रार्थना एक 'हीलिंग टच' है। प्रार्थना एक ऐसा श्रद्धासूत्र है, जो हमें आत्मबल देता है। अगर हम प्रार्थना को किसी चमत्कार का ज़रिया न भी मानें तो भी आज की इस तनावग्रस्त, कुंठाग्रस्त, तेज़ रफ़्तार ज़िन्दगी में प्रार्थना न सिर्फ़ सुकून देती है, बल्कि एक ऐसा सम्बल भी देती है जिसके लिए हमें इस मोटी कंसलटेंसी फीस वाले युग में भी कुछ ख़र्च नहीं करना पड़ता। जी हाँ, प्रार्थना बिलकुल मुफ़्त में तनाव और कुंठा को दूर करने का उपाय देती है।

अब विज्ञान भी इस बात को मानने के लिए मज़बूर हो गया है कि प्रार्थनाएँ सचमुच सुनी जाती हैं और ऐसी प्रार्थनाएँ तो ख़ासतौर पर, जो पात्र के पास रहकर की जाती हैं। इस बात को अमेरिका के इंडियाना यूनिवर्सिटी के एक शोध सर्वेक्षण में साबित किया गया है : प्रोफ़ेसर कैंडी गुन्थर ब्राऊन की देख-रेख में डॉक्टरों की एक टीम के साथ यह शोध मोजम्बिक के सुदूर ग्रामीण क्षेत्र में सम्पन्न हुआ। इस शोध के दौरान पाया गया कि उन मरीजों के मुकाबले जिनके लिए प्रार्थनाएँ नहीं की गईं, उन मरीजों की दवाएँ ज़्यादा कारगर साबित हुईं, जिनके लिए प्रार्थनाएँ की गईं।

कंठकोकिला भारतरत्न लता मंगेशकर का कहना है :

प्रार्थनाएँ सुनी जाती हैं। वे हमारे ऊपर आई परेशानियों के निदान में मदद करती हैं। ऐसा मैंने स्वयं अनुभव किया है।

मैन दी अननोन पुस्तक के लेखक, नोबल पुरस्कार प्राप्त डॉक्टर एलेक्सी केरेल का कहना है कि 'प्रार्थना से अत्यन्त प्रबल शक्ति उपलब्ध की जा सकती है और वह शक्ति गुरुत्वाकर्षण शक्ति के समान वास्तविक है। मैं एक डॉक्टर हूँ और मैंने देखा कि सभी इलाज असफल हो जाने पर भी रोगी श्रद्धा से प्रार्थना कर व्याधि एवं संकट से मुक्त हो सकता है।'

प्रार्थना हमारी आत्मशक्ति की आवाज़ है, आत्मशक्ति का आह्वान है। हर दिन की जाने वाली प्रार्थना हमारी आत्मा को मज़बूत करती है। प्रतिकूल परिस्थितियों में प्रार्थना जो करती है, उसे हम चमत्कार कह सकते हैं। प्रार्थना करते हुए हम बिखरी आत्मशक्ति एकत्रित कर आत्महत्या करने से बच सकते हैं।

किसी शायर ने इसलिए कहा है :

अन्तर्मन से निकली प्रार्थना कभी खाली नहीं जाती।
यानी कि वह भगवान से भी टाली नहीं जाती॥

विपरीत परिस्थिति में सांत्वना और साहस की ऊर्जा का स्त्रोत

मनुष्य जब तक जीवित है, उसे परिवर्तनपूर्ण उतार-चढ़ाव और बनने-बिगड़ने वाली अनुकूल एवं प्रतिकूल परिस्थितियों का सामना करना होगा; दुःख-सुख, लाभ-हानि, सफलता-असफलता, सुविधा एवं कठिनाइयों के बीच से गुज़रना ही होगा। लाख चाहने और प्रयत्न करने पर भी वह इन्हें आने से नहीं रोक सकता, यह आएँगी और मनुष्य को इनसे जूझना ही होगा।

कुछ लोग ऐसे होते हैं जो थोड़ी-सी ही असफलता, आफ़त एवं प्रतिकूल परिस्थिति सामने आने पर अत्यन्त क़ातर हो जाते हैं। घाटा, चोरी, धनहानि, कोई भी अन्य विपत्ति का अवसर आने पर उन्हें लगता है, मानो उनका सर्वस्व चला गया, वे हर प्रकार से दीन-हीन हो गए, अब उन्हें सदा ऐसी ही विपन्न स्थिति में रहना पड़ेगा एवं आगे चलकर और भी ग़रीबी में प्रवेश करना होगा : ऐसी सोच पैदा हो जाने पर उनमें से कुछेक अपनी जीवनलीला तक समाप्त कर डालते हैं।

किसी परीक्षा में अनुत्तीर्ण हो जाने या अपेक्षित अंक न पाने पर उन्हें लगता है कि हमारा जीवन ही अन्धकारमय हो गया, असफलता की भयंकर प्रतिमूर्ति उन्हें अपने चारों ओर नाचती दिखाई पड़ती है। उनके दु:ख का ठिकाना नहीं रहता। मस्तिष्क निष्क्रिय हो जाता है और यहाँ तक कि आत्महत्या की सोचने लगते हैं और कुछेक तो कर भी लेते हैं।

किसी प्रियजन का वियोग या मृत्यु हो जाए तो उनकी आँखों से आँसू बन्द नहीं होते। रात-दिन हृदय में एक हूक उठती है। सारा संसार अन्धकारमय प्रतीत होता है, इनके बिना जीवन कैसे सम्भव होगा? इस शोक-वियोग में कितने ही अपना प्राणान्त कर लेते हैं।

मृत्यु किसके घर में नहीं होती, किसके प्रियजन सदा बने रहते हैं। किसी को आगे, किसी को पीछे मरना ही पड़ता है। हम सब मौत के मुँह में फँसे हुए ग्रासों की तरह अपने दिन काट रहे हैं। कौन जाने कब, किसका नम्बर आ जाए? ऐसी दशा में एक सीमा तक मृत्यु वियोग का शोक होना उचित है। पर कोई यदि किसी प्रियजन के वियोग में पागल हो जाए या आत्महत्या का प्रयास करे तो यह विवेकशीलता की कमी ही मानी जाएगी। विवेकवान व्यक्ति मृत्यु को संसार की एक स्वाभाविक प्रक्रिया मानकर मन समझा लेते हैं और शोक छोड़ देते हैं।

धर्म और अध्यात्म दुखदायी, प्रतिकूल और संकटकालीन परिस्थितियों में हमें सांत्वना देता है, ढाढ़स बँधाता है, मार्गदर्शन करता है और हमें अनहोनी से बचाता है। हमारे धर्मग्रंथों के अलावा सन्त, महात्मा और महापुराणों ने ऐसे समय में दुनिया की वास्तविकता बताते हुए नीति सम्बन्धी जो बातें कहीं हैं, उनमें से कवि रहीम, कबीरदास और गोस्वामी तुलसीदास जी के कथन के पद्यांश प्रस्तुत हैं :

भावी का ना दही, भावी दह भगवान।
भावी ऐसी प्रबल है, कहि 'रहीम' यह जान॥

कवि रहीम कहते हैं कि 'होनी को कोई नहीं टाल सकता, भवितव्य बहुत बलवान है।' भावी की प्रबलता से ही राम बन गए, राजा हरिश्चन्द्र को पत्नी तक को बेचना पड़ा। प्रतापी पांडवों की पत्नी द्रौपदी को दुष्टों की सभा में निर्वस्त्र होना पड़ा।

दशरथ जैसे पिता, कौशल्या जैसी माता और कुलगुरु वशिष्ठ द्वारा हुआ राज्याभिषेक मुहूर्त ये सब एक तरफ़ और विधि का विधान एक तरफ़। हुआ वही जो विधाता को स्वीकार था, इसलिए कबीरदास जी कह उठे :

करमगति टारे न नाहि टरी,
गुरु वशिष्ठ से पंडित ज्ञानी, शोध के लगन घरी।

रामचरित मानस में तुलसीदास जी ने लिखा है :

सुनहु भरत भावी प्रबल, विलख कहहु मुनिनाथ
लाभ-हानि, जीवन-मरण, यश-अपयश विधि हाथ।

इसी प्रकार एक स्थान पर उन्होंने लिखा है :

होइहि सोइ जो राम रचि राखा,
को करी तर्क बढ़ावै शाखा।

कवि रहीम, कबीरदास जी और तुलसीदास जी के कथनों का उदाहरण देते हुए जब घोर निराशा और संकट में फँसे हुए लोगों को समझाया जाता है तो उनको बड़ी सांत्वना मिलती है। उनकी सोच में परिवर्तन होता है और ऐसी स्थिति में वे ग़लत क़दम उठाने से बच जाते हैं। तुलसीदास जी रचित रामचरित मानस के नीति सम्बन्धी उपदेशों के कारण अनगिनत लोग आत्महत्या करने से बच सके हैं।

दोस्ती है जहाँ, आत्महत्या का क्या काम वहाँ?

मित्रता मानव हृदय की एक स्वाभाविक वृत्ति है। प्रत्येक व्यक्ति ऐसे साथी की खोज में रहता है जिसके समक्ष वह अपने हृदय को खोलकर रख सके। अपने अन्तर में छिपे हुए भावों को नि:शंक होकर व्यक्त कर सके। जो कष्ट-मुसीबत के समय आत्मिक सहयोग दे सके। मित्रता का सम्बन्ध मनुष्य के लिए वह वातावरण पैदा करता है, जहाँ वह अपने आन्तरिक और बाह्य जीवन की अभिव्यक्ति सरलता से कर सके, जहाँ मनुष्य अपने आपको अकेला महसूस नहीं करता। मित्रों के सहयोग से मनुष्य की जीवन-यात्रा सहज और निरापद हो जाती है।

जीवन की कटु, दुखद अनुभूतियों से मन में तरह-तरह के विचार, भाव एवं ग्रंथियाँ ये सब अपना अस्तित्व गुप्त मन में कायम कर लेते हैं और ज़हर की तरह प्रतिक्रिया पैदा कर मनुष्य को मन-ही-मन घुलाते रहते हैं। कई बार तो अपनी जीवनलीला समाप्त करने यानी आत्महत्या के विचार भी मन में आते हैं। ऐसी स्थिति में मनुष्य यदि दिल खोलकर अपनी व्यथा कह सके, छिपे भावों को व्यक्त कर सके, तो सहज ही उसका मन हलका और स्वस्थ हो जाए। साथ ही, अपने मित्र से प्रेरणा-प्रोत्साहन पाकर आत्महत्या की बात भुलाकर मनुष्य फिर से आशा के साथ जीवन-पथ पर गतिशील हो जाए।

दोस्ती ख़ुशियों का ख़ज़ाना

दोस्त हमारे आनन्द, उल्लास और सुख को कई गुना बढ़ा देते हैं और हमारी सारी पीड़ा और परेशानी को बाँट कर बहुत कम कर देते हैं। सारी मनुष्य जाति का ख़ुशी मनाने का तरीक़ा एक ही है : लोगों को इकट्ठा करना, भोजन, दावत आदि का आयोजन करना, नाचना, गाना। सगाई, विवाह हो, पुत्र जन्म हो, बर्थडे हो या फिर पुरस्कार पाने की ख़ुशियाँ हों, सभी का उफ़ान ठंडा ही रहता है जब तक हम दोस्तों को इकट्ठा न कर लें।

दोस्ती में आत्मीयता का भाव रहता है, एक-दूसरे के लिए असाधारण आकर्षण रहता है। वे एक-दूसरे का हित चाहते हैं, समृद्धि चाहते हैं, सुख चाहते हैं और सहायता के लिए तैयार रहते हैं, भूलों और कमज़ोरियों को उदारतापूर्वक सहन कर लेते हैं तथा मुसीबत के समय बड़े से बड़ा त्याग करने के लिए तैयार रहते हैं। किसी शायर ने क्या ख़ूब कहा है :

क्यूँ मुश्किलों में साथ देते हैं 'दोस्त'
क्यूँ ग़म को बाँट लेते हैं 'दोस्त'
न रिश्ता ख़ून का, न रिवाज़ से बँधा
फिर भी ज़िन्दगी भर साथ देते हैं 'दोस्त'।

मित्रता से अधिक मूल्यवान कुछ भी नहीं

मित्रों का महत्त्व बहुत माना गया है। मित्र ही संसार में सबसे अधिक हितैषी, संवेदनशील, सच्चा सहायक तथा दुःख-सुख का समान संवाहक होता है। समान भावनाओं, विचारों वाले मित्र से मिलकर हार्दिक प्रसन्नता होती है। मित्रों के साथ मिलकर हँसने-बोलने में अवर्णनीय हर्ष होता है। मित्र के सम्पर्क में आकर मनुष्य अपने बड़े-से-बड़े दुःख भूल जाता है। मित्र साहस तथा उत्साह का प्रेरक, शुभचिन्तक तथा विपथ से बचाने वाला अभिभावक होता है। सच्चे मित्र पाकर मनुष्य संसार में एकाकी अनुभव नहीं करता। मित्र-मित्र की उन्नति एवं विकास में सच्चा सहायक तथा विपत्ति में हाथ बँटाने वाला कहा गया है।

प्रसिद्ध दार्शनिक सिसरो ने लिखा है :

इस संसार में मित्रता से अधिक कुछ भी मूल्यवान नहीं मनुष्य के लिए।

महात्मा गांधी के शब्दों में :

सच्चे मित्र मिल जाना मनुष्य के लिए दैवी वरदान है।

हेलन केलर का कहना है :

मैं दोस्तों के साथ अँधेरे में चलना पसन्द करूँगी, बजाय रोशनी में अकेले चलने से।

यूनिवर्सिटी ऑफ़ कैलिफोर्निया में क्लिनिकल साइकोलॉजी की प्रोफेसर एंड्रीया बोनियर का कहना है कि जिन लोगों के पास मज़बूत दोस्ती होती है उनकी उम्र अकसर ज़्यादा होती है। मित्रता से इम्युनिटी बढ़ती है। यह लोगों को किसी भी तरह की मानसिक-शारीरिक बीमारी से लड़ने में मदद करती है।

मित्र के चार शब्दों ने बचाया आत्महत्या से

एक व्यक्ति के घर में आग लगने से घर का सब कुछ जल गया था, वह व्यक्ति हताश होकर आत्महत्या करने की सोच रहा था। इतने में उसका एक परम मित्र आया। मित्र के चार शब्दों ने ऐसा जादू किया कि उसने आत्महत्या के इरादे को छोड़ दिया, कैसे? उसी के शब्दों में सुनिए :

आग लगी थी मेरे घर में, सब पूछने वाले आए
हाल पूछा और चले गए
एक सच्चे मित्र ने पूछा,
'क्या बचा है?'
मैंने कहा, 'केवल मैं बच गया हूँ।'
उसने गले लगाकर कहा, 'दोस्त! फिर जला ही क्या है।'

किसी ने क्या ख़ूब कहा है :

खींचकर उतार देते हैं दुःख की चादर,
ये कम्बख़्त दोस्त, कभी मरने नहीं देते,
दोस्तों से रिश्ता रखा करो, जनाब
तबीयत मस्त रहेगी,
ये वो हकीम है, जो
अल्फ़ाज़ से इलाज कर दिया करते हैं। (अल्फ़ाज़ यानी शब्द)

दोस्ती बिना ज़िन्दगी अधूरी है

दोस्तों का स्थान पत्नी अथवा परिवार के अन्य सदस्य नहीं ले सकते। हम हर विषय पर उनसे विचार-विमर्श कर नहीं सकते। पति-पत्नी के सम्बन्धों की सीमाओं में जो बातें आती हैं, उनके अलावा अन्य बातों पर उनसे आपसी विचार-विमर्श नहीं कर पाते। न ही परिवार के सदस्य हमें सही सलाह दे सकते हैं, क्योंकि हमारे विशेष पारिवारिक सम्बन्धों के कारण वे हमारे पक्ष में झुके होते हैं और निष्पक्ष विवेकपूर्ण निर्णय कर ही नहीं सकते। सच्चा मित्र हमारे दूसरे अहं की तरह होता है जो किसी भी समस्या पर एक विश्वसनीय मित्र का दृष्टिकोण जानकर, उस समस्या को समझ लेता है।

इस संसार में कम-से-कम एक व्यक्ति तो ऐसा होना चाहिए जिसके सामने आप सहज भाव से अपना दिल खोलकर रख सकें, जिससे आपको मज़ाक़ उड़ाए जाने या नाराज़ होने का डर न हो और जो आपको किसी भी समस्या को ठंडे दिमाग से सुलझाने के लिए अपना सुझाव दे सके।

इसीलिए तो दोस्ती के लिए कहा गया है :

गीत की ज़रूरत महफ़िल में होती है
प्यार की ज़रूरत दिल में होती है।
दोस्ती बिना यह ज़िन्दगी अधूरी है
क्योंकि दोस्ती ज़िन्दगी की ज़रूरत होती है।

अन्य आवश्यकताओं की तरह मनुष्य को मित्रों की भी आवश्यकता होती है। जीवन में सर्वथा अकेला रह सकना कठिन है। भावनाओं तथा विचारों को प्रकट करने के लिए मित्र की आवश्यकता है। मनुष्य के हृदय में अनेक भावनाएँ तथा विचार रहते हैं, उनको प्रकट किये बिना चैन नहीं आता।

उनको सुनने और समझने वाले, ऐसे संवेदनशील व्यक्तियों की आवश्यकता अनुभव होती है, जो विश्वसनीय हों और भावनाओं को ठीक से समझ सकें। ऐसा उपयुक्त व्यक्ति ही वह मित्र हो सकता है जिसके सम्मुख विश्वासपूर्वक हृदय खोला जा सके।

अमेरिका के किसी पत्रकार ने एक भेंट में धन कुबेर हेनरी फोर्ड से पूछा, "क्या आपके जीवन में ऐसी भी वस्तु है, जिसे आप प्राप्त न कर सके हों।" हेनरी फोर्ड ने उत्तर दिया, "मुझे यदि फिर से जीवन शुरू करना पड़े तो मैं मित्रों की तलाश करूँगा। मेरे धन ने मुझे मित्रों से नहीं मिलने दिया।"

एक विचारक का कथन है :

अगर तुम्हारे पास एक भी सच्चा दोस्त नहीं है तो यक़ीन मानिए, तुमने ज़्यादा कोई ग़रीब नहीं है।

मनुष्य को जीवन में अभिन्न और योग्य मित्र मिल जाना एक दैवी वरदान है, संसार की सबसे बड़ी सम्पत्ति है और जीवन की सफलता का महत्त्वपूर्ण आधार है। सचमुच वे लोग भाग्यशाली हैं जिन्हें अभिन्न मित्र मिल जाते हैं।

विदुषी लेखिका रचना समन्दर का कथन है कि जो कुछ भी हमें अच्छे दोस्तों के ज़रिए हासिल हो सकता है, वो पैसों से नहीं मिल सकता। अच्छे दोस्त हमें अच्छी सोहबत देते हैं। लगातार आगे बढ़ने वाली सन्तुलित सोच देते हैं। अच्छे दोस्तों का साथ तनाव को पास नहीं आने देता। दोस्तों के पास आपके लिए समय भी होता है और सुनने वाले कान भी, धैर्य और मदद वाला रवैया भी। दोस्तों के बीच में रहते हुए अकेलापन नहीं होता। कोई भी समस्या हो, तो अच्छे दोस्त उसे दूर करके ही दम लेते हैं। यह सब कुछ धन से कहाँ हासिल हो सकता है।

मोबाइल फ़ोन और ऑनलाइन गेमिंग बचाएँ बच्चों को

घर में छोटे बच्चे हैं, तो फिर आपने भी ग़ौर किया होगा कि वे ज़ल्द ही मोबाइल चलाने में एक्सपर्ट हो जाते हैं, तब पैरेंट्स बच्चों को मोबाइल न दें, यह सम्भव भी नहीं है।

मनोरोग विशेषज्ञ डॉ. मनोज राठी का मानना है कि :

> *अभिभावक सहूलियत के लिए बच्चों को मोबाइल देते हैं। धीरे-धीरे उनमें लत लग जाती है। लगातार ऐसा करने से ब्रेन का रिवार्ड पाथ-वे सक्रिय हो जाता है। इससे डोपामिन निकलता है, जिससे मन को अच्छी अनुभूति होती है। इसका सर्किट बन जाता है और समझदारी वाला एरिया डिस्टर्ब होने लगता है। जिस तरह नशा नहीं मिलने पर व्यक्ति एग्रेसिव हो जाता है, उसी तरह बच्चों को एकदम से बोलेंगे कि मोबाइल मत चलाओ तो वे चिड़चिड़े या हिंसक हो जाते हैं। गुस्से में आकर ग़लत क़दम उठा लेते हैं।*

ऑनलाइन गेम से लड़के ही नहीं, किशोर उम्र की लड़कियों एवं युवाओं पर भी नकारात्मक असर पड़ रहा है। उनमें चिड़चिड़ापन, ग़ुस्सा और अलगाव की भावना बढ़ रही है। हालात ये है कि वे माता-पिता पर भी हमलावर हो रहे हैं। जयपुर के एक कारोबारी परिवार की 12वीं में पढ़ रही बेटी गेम खेलने से मना करने पर हमलावर हो गई।

इस लड़की ने 10वीं में 86 प्रतिशत मार्क्स हासिल किये थे, लेकिन मोबाइल पर गेम की लत से ग़ुस्सैल बन गई। बात-बात पर घरवालों को ब्लैकमेल करने लगी। उसे पढ़ाई के लिए फ़ोन दिया गया था, जिससे ले लेने पर वह घर छोड़कर गुजरात भाग गई। हाल में ऐसे कई क़िस्से सामने आए हैं।

मोबाइल छीना तो सुसाइड करने की धमकी

अजमेर में एक किसान दम्पती ने बेटी को पढ़ाई के लिए स्मार्टफ़ोन दिया था। बेटी ऑनलाइन गेम की आदी हो गई। टोकने पर भड़क जाती। माँ ने रोका तो आत्महत्या की धमकी देने लगी।

नागौर में 15 साल की बेटी की गेमिंग की बढ़ती लत को देखते हुए माता-पिता ने उससे मोबाइल ले लिया, तो वह एक दिन मोबाइल चुराकर घर से भाग गई। पुलिस को यह लड़की घर से 20 कि.मी. दूर सड़क किनारे मोबाइल गेम खेलते मिली। पुलिस इंस्पेक्टर ने उससे मोबाइल छीना, तो ग़ुस्से में उसने इंस्पेक्टर का कॉलर तक पकड़ लिया।

गेम न छूटे इसलिए कपड़ों में टॉयलेट

जयपुर के पास एक कस्बे से 16 साल की एक लड़की गेम में ऐसे मशगूल रहती थी कि वह कपड़े में टॉयलेट कर देती है। साइक्रेट्रिस्ट ने बताया कि किशोरी गेमिंग एडिक्शन की शिकार है। इलाज चल रहा है।

इन्दौर के चन्दन नगर थाने के ए.एस.आई. गोपाल सिंह के अनुसार स्कीम नम्बर 71 डी सेक्टर निवासी 19 साल की सारा परवानी उर्फ नवीला पिता मोहम्मद रिजवान खोखर, ने सुबह घर में फाँसी लगा ली। पिता ने पुलिस को बताया कि बेटी अकसर मोबाइल पर गेम खेलती थी। घटना के कुछ देर पहले भी वह मेरे मोबाइल पर गेम खेल रही थी। मोबाइल छीनकर उसे डाँटा था। ग़ुस्सा होकर परवीन ने ख़ुद को कमरे में बन्द कर फाँसी लगा ली।

लड़कियाँ क्यों हो रही हैं गेमिंग का शिकार?

साइकेट्रिस्ट और मनोवैज्ञानिक (काउंसलर) के अनुसार लड़कों को घर से बाहर जाने, दोस्तों के साथ खेलने को मिलता है, जबकि लड़कियों को ऐसी छूट नहीं मिल पाती। घर में ही होने से वे मोबाइल गेम खेलने लगती हैं। मोबाइल गेम खेलने के शिकार होने वाले हर 10 बच्चों में बच्चियों का आँकड़ा 4 तक पहुँच गया है।

बीमारी है गेमिंग की लत

गूगल प्ले स्टोर और एप्पल के एप स्टोर पर कई गेम एप्स मौजूद हैं, जो आसानी से डाउनलोड के लिए उपलब्ध हैं। बच्चे इसे शौक़िया खेलने के लिए डाउनलोड करते हैं, लेकिन यह शौक़ बहुत ज़ल्दी लत में तबदील हो जाता है। गेमिंग की लत को विश्व स्वास्थ्य संगठन में भी बीमारी यानी गेमिंग डिसऑर्डर बताया है। कई बार तो गेम जीतने पर रिवार्ड की सुविधा भी होती है। यह एक तरह से बच्चों-किशोरों को उकसाने का तरीक़ा होता है।

अभिभावक सतर्क रहें

सरकार द्वारा प्रतिबन्ध लगाए जाने के बाद भी इस तरह के हिंसक गेम बच्चे जुगाड़ से डाउनलोड कर लेते हैं। ऐसी स्थिति में बच्चों की इंटरनेट गतिविधियों पर नज़र रखनी चाहिए। जिन बच्चों में गेमिंग की लत होती है, उनकी शारीरिक गतिविधियाँ काफ़ी कम हो जाती हैं। फिर वे जहाँ जाते हैं, उनके हाथ में फ़ोन ज़रूर होता है। वे सबसे कटने लगते हैं। रात में सोने के समय भी छिपकर गेम खेलते हैं और दिन में ऊँघते रहते हैं।

नज़र रखें और समझाएँ

बच्चे ऑनलाइन एक्टिविटीज के दौरान अगर स्क्रीन छिपाने लगें, तो सावधान हो जाएँ। यदि बच्चा ऑनलाइन खेलता है, एप की ऐज रेटिंग ज़रूर जाँच

लें यानी कोई गेम आपके बच्चे की उम्र के लिए सही नहीं है, तो उसे वह खेलने न दें। ऑनलाइन गेमिंग से होने वाले नुकसान के बारे में भी बताएँ ताकि वह भी समझे कि क्या अच्छा है और क्या बुरा।

अन्य देशों ने स्मार्टफ़ोन पर पाबन्दियाँ लगाईं

स्पष्ट है कि मोबाइल फ़ोन का इस्तेमाल करना आम बात है। बच्चे मोबाइल पर गेम और वीडियो देखते रहते हैं, ऐसे में बच्चों के मोबाइल फ़ोन इस्तेमाल पर रोक लगाना किसी चुनौती से कम नहीं है, लेकिन चीन ने अब बच्चों के मोबाइल इस्तेमाल को सीमित कर दिया है, सिर्फ़ दिन में दो घंटे।

यूनेस्को की रिपोर्ट में दावा किया गया है नीदरलैंड, सिंगापुर समेत कई देशों में क्लास रूम में स्मार्टफ़ोन के उपयोग पर पाबन्दी लगा दी है। भारत में भी इस ओर क़दम उठाने की आवश्यकता है।

मोबाइल की आदत छुड़वाएँ कैसे?

बच्चों को मोबाइल का कम उपयोग करने दें। ग़ैर ज़रूरी एप्लीकेशन लॉक करें। उनकी गतिविधियाँ ट्रैक करें। जिस गेम या ऐप की लत लग रही हो, उसे ब्लॉक कर दें। बच्चें को समय दें, बात करें।

ज़िन्दगी है अनमोल, परीक्षा नहीं इसका तौल

आज जिस माहौल में हम रह रहे हैं, वहाँ 'जीतना' ही सब कुछ हो गया है। किसी भी बच्चे या युवा के लिए मानो 'हार' शब्द बना ही नहीं है। उसकी हार या असफलता को न तो उसके माता-पिता स्वीकार क़र पाते हैं और न ही समाज। ऐसे में परिणाम गम्भीर होते हैं : निराशा, तनाव और आत्महत्या।

जीवन और मृत्यु के बीच व्यक्ति ने हमेशा जीवन को चुना है, लेकिन अगर कोई देश अपने युवाओं को किसी भी कारण से आत्महत्या करते पाता है तो यह अत्यन्त चिन्तनीय और दु:ख की बात है।

परीक्षा में कम अंक आने पर या मनचाहा परिणाम न आने अथवा प्रतियोगी परीक्षा में सफलता प्राप्त न होने के कारण कुछेक छात्र-छात्राएँ उसे अपना तथा अपने परिवार की प्रतिष्ठा का प्रश्न बनाकर अत्यन्त दु:खी हो जाते हैं और असमय मौत को गले लगा लेते हैं। विगत दस वर्षों में आत्महत्या करने वाले विद्यार्थियों की संख्या में 300 प्रतिशत की वृद्धि हुई है। यह वृद्धि न केवल स्कूल या कॉलेज में सामान्य शिक्षा प्राप्त कर रहे छात्रों में हुई है, वरन उच्च व्यावसायिक शिक्षण संस्थानों में शिक्षा प्राप्त कर रहे विद्यार्थियों की संख्या में भी वृद्धि हुई है।

पिछले 5 वर्षों में आई.आई.टी. में 33 छात्रों ने आत्महत्या की है। अगर हम इसमें एन.आई.टी. और आई.आई.एम. भी शामिल कर लें तो यह संख्या इस अवधि में 61 तक पहुँच गई है। एक आर.टी.आई. के उत्तर से पता चला है कि पिछले 5 वर्षों में 54 एम.बी.बी.एस. और 55 स्नातकोत्तर छात्रों ने आत्महत्या कर ली।

सफलता न मिलने से निराश होकर जो लोग आत्महत्या करते हैं, वे इस दुनिया में सबसे बड़े मूर्ख हैं, क्योंकि नित नए अवसर उनकी राह देख रहे हैं। असफलता सदैव सफलता का आधार बनती रही है। असफलता ही कुंजी है, सफलता की। चाहे छात्र हो या अन्य कोई प्रतिभागी वे असफलता से यह सीख सकते हैं कि सफलता के लिए आगे कैसे मनोयोग की आवश्यकता है।

परीक्षा के बारे में मनोचिकित्सक डॉ. पराग ढोबले का यह बड़ा ही सटीक कथन है :

> *जीवन रहेगा तो मौक़े मिलेंगे, पढ़ाई के तनाव में निराश व हताश न हो।*
>
> *एक परीक्षा जीवन का फ़ैसला नहीं कर सकता, बल्कि जब तक जीवन है, परीक्षा देनी होगी। ये मानकर चलें कि ये एक शुरुआत है और आगे कई परीक्षाएँ देनी हैं। इसमें पास, फेल होते रहेंगे। इसका ये मतलब नहीं कि हताश व निराश होकर पढ़ाई के तनाव में जीवन को ख़त्म कर लें।*

प्रधानमंत्री नरेन्द्र मोदी भी छात्र-छात्राओं की बढ़ती हुई आत्महत्या की घटनाओं से चिन्तित हैं। इसी को दृष्टिगत रखते हुए उन्होंने तालकटोरा स्टेडियम, देहली में वीडियो कॉन्फ्रेसिंग के माध्यम से छात्र-छात्राओं को आत्मविश्वास पैदा करने, अपने साथियों के साथ प्रतिस्पर्धा की ज़गह अनुस्पर्धा यानी ख़ुद से प्रतिस्पर्धा करने तथा परीक्षा में अंकों के पीछे न भागने की सलाह दी। इसके अलावा छात्रों को जीवन में कुछ अनोखा करने तथा समाज के लोगों को भी जानने-समझने की सीख भी दी।

'परीक्षा पर चर्चा प्रधानमंत्री मोदी के साथ' इस कार्यक्रम को वीडियो कान्फ्रेसिंग के ज़रिए 10 करोड़ से अधिक बच्चों, उनके अभिभावकों और शिक्षकों ने देखा।

ज़िन्दगी में उपलब्धियाँ अंकों पर निर्भर नहीं

ज़िन्दगी का दूसरा नाम परीक्षा है। ज़िन्दगी तो हर मोड़ पर हमारे कई इम्तिहान लेती है। जैसी भी स्थिति हो हमें उसका सामना करना पड़ता है। जो व्यक्ति इस परीक्षा का सामना करता है, मुश्किलों से नहीं घबराता और अपना आत्मविश्वास बनाए रखता है वही ज़िन्दगी जीत सकता है।

हम परीक्षा के नाम से डर जाते हैं : कितने अंक आएँगे? क्या होगा? लेकिन क्या अंक ही सब कुछ होते हैं, यह सवाल हमें ज़रूर जानना चाहिए। अगर हमारे अन्दर योग्यता है, साहस है तो हम कम अंक पाकर भी ज़िन्दगी में बहुत कुछ पा सकते हैं, बस इसके लिए ज़रूरी है आत्मविश्वास और लगन।

कुछ विद्यार्थी कम अंक आने पर आत्महत्या जैसा क़दम उठा लेते हैं। क्या ज़िन्दगी इतनी सस्ती है कि हम कम अंक पाने पर आत्महत्या की सोचें। याद रखिए ज़िन्दगी में उपलब्धियाँ अंकों से प्राप्त नहीं होती, इसके लिए लगन के साथ अपना हौसला बरकरार रखने की आवश्यकता होती है। किसी ने ठीक ही कहा है :

लगन के पाँव थककर चूर नहीं होते,
द्वार उपलब्धियों के कभी दूर नहीं होते।
जिसने बढ़ा लिया है अपने हौसले का क़द,
उसके लिए खट्टे कभी अंगूर नहीं होते।

अपनी असफलता का कारण जानो

परीक्षा में आपके अंक कम आते हैं या असफल हो जाते हैं; इस कारण आपके अभिभावक डाँट देते हैं, इसलिए नहीं कि आपने कोई गम्भीर अपराध कर दिया, बल्कि इसलिए कि आप अपनी असफलता का कारण जानो और उसे दूर करने की कोशिश करो। इस बात को हमेशा याद रखो कि माँ-बाप कभी सपने में भी अपने बच्चों का बुरा नहीं चाहते। वे जीवन में तुम्हारी सफलता से ज़्यादा तुम्हारी ख़ुशी चाहते हैं। परीक्षा में असफल हो जाना या कम अंक प्राप्त करना तुम्हारे प्रति उनके प्रेम को कम नहीं करता।

यदि माता-पिता अपने बच्चे को ग़लती करने या फिर पढ़ाई के प्रति लापरवाही बरतने पर डाँटते, फटकारते हैं तो क्या ऐसा करना उन्हें अच्छा लगता है या इससे सुखानुभूति होती है? नहीं क़तई नहीं, ऐसा करने पर उन्हें दु:ख ही होता है, किन्तु वे ऐसा करते हैं अपने बच्चे की भलाई के लिये उसके भविष्य की सुरक्षा के लिए। ठीक जिराफ नामक जानवर की तरह।

जिराफ़ एक विशाल जानवर है, हम सब जानते हैं। माता जिराफ़ खड़े हुए ही अपने बच्चे को जन्म देती है। माँ के आरामदेह गर्भ से निकलकर बच्चा एकदम कठोर ज़मीन पर आ गिरता है और वहीं ज़मीन पर बैठ जाता है। इसके बाद माता जिराफ़ का सबसे पहला काम होता है, बच्चे के पीछे जाकर उसे ज़ोरदार ठोकर मारना। इस चोट से बच्चा उठ तो जाता है, लेकिन कमज़ोर और लड़खड़ाते पैरों की वज़ह से फिर से गिर पड़ता है। माँ फिर से बच्चे के पीछे जाकर एक ठोकर और मारती है। बच्चा खड़ा होकर फिर गिर जाता है। माँ अपने बच्चे को तब तक ठोकर मारती रहती है, जब तक बच्चा अपने पैरों पर खड़ा होकर चलने न लगे। अपने ही बच्चे को माँ ऐसा क्यों करती है, उसे क्यों कष्ट देती है। ऐसा करती है वह अपने मातृत्व प्रेम, सुख और बच्चे के कल्याण के लिए जो इस कार्य में निहित है। क्योंकि माँ जिराफ़ जानती है कि ज़िन्दा रहने का यही एक तरीक़ा है कि बच्चा अपने पैरों पर खड़ा हो जाए, नहीं तो उसे जंगली जानवरों का शिकार होने में देर नहीं लगेगी।

कुछ सपनों के मर जाने से जीवन नहीं मरा करता

स्कूल या महाविद्यालयी परीक्षा अथवा प्रतियोगी परीक्षा में असफलता के मिलने पर इस असफलता से ज़रा भी विचलित होने की आवश्यकता नहीं है। आप सफलता के लिए प्रयासरत रहें तथा अपने मन में निराशा के कीटाणुओं को प्रवेश न होने दें। इस सम्बन्ध में विख्यात कवि गोपालदास नीरज की निम्न पंक्तियाँ प्रेरणादायक हैं :

छिप-छिप अश्रु बहाने वालो!
मोती व्यर्थ लुटाने वालो!

कुछ सपनों के मर जाने से जीवन नहीं मरा करता है
कुछ पानी के बह जाने से सावन नहीं मरा करता है
कुछ दीपों के बह जाने से आँगन नहीं मरा करता है
चन्द खिलौनों के खोने से बचपन नहीं मरा करता है
कितनी बार गगरियाँ फूटीं
शिकन न आई पनघट पर
कितनी बार किश्तियाँ डूबीं
चहल-पहल वैसी ही तट पर
तम की उमर बढ़ाने वालो!
लौ की आयु घटाने वालो!
लाख करे पतझर कोशिश,
पर उपवन नहीं मरा करता है।

ज़िन्दगी में असीमित सम्भावनाएँ हैं

जिजीविषा है तो जीवन रहेगा, जीवन रहेगा तो असीमित सम्भावनाएँ भी रहेंगी। यदि आप मन में हार मानकर बैठ गए तो जीवन भी मुरझा जाएगा। बच्चों तुम्हारी ऐसी उम्र नहीं है कि ज़िन्दगी में आत्महत्या जैसा क़दम उठाओ। ज़िन्दगी में केवल सफलताएँ ही नहीं हैं, बल्कि असीमित सम्भावनाएँ भी मौजूद हैं, क्योंकि एक राह रुक गई तो अन्य विकल्प या राहें भी मौजूद रहती हैं, बस उसे खोजना भर रहता है।

हेलेन केलर ने बहुत ही सटीक बात कही है :

ईश्वर हमारे लिए एक दरवाज़ा बन्द करता है तो दूसरा तुरन्त खोल देता है, परन्तु हम उस बन्द दरवाज़े को ही ताक़ते रहते हैं।

किसी शायर की यह पंक्तियाँ भी बड़ी सटीक हैं :

एक डुबकी में अगर समन्दर से मोती न निकले,
यह न समझो कि समन्दर मोतियों का घर नहीं।
एक अवसर चूकने पर ज़िन्दगी में सफलता न मिले,
तो यह न समझो कि अब कभी अवसर नहीं।

न डिग्री, न पास, न परसेंटेज फिर भी बड़ी सफलता

परीक्षा परिणाम में कुछ कम अंक आने पर अथवा मनचाहा परिणाम न आने पर ऐसे विद्यार्थियों की संख्या बढ़ती जा रही है जो उसे अपना तथा अपने परिवार की प्रतिष्ठा का प्रश्न बनाकर इतने दु:खी हो जाते हैं कि अवसाद में आकर आत्महत्या कर बैठते हैं।

कई छात्र-छात्राओं की यह सोच है कि उन्हें स्कूल और कॉलेज में अच्छी श्रेणी या अच्छा ग्रेड नहीं मिल सका तो जीवन में उनकी सफलता सीमित है और वे जीवन में कुछ भी नहीं कर पाएँगे। ऐसी सोच पूरी तरह ग़लत है। देश हो या विदेश, ऐसे अनेक उदाहरण हैं जिनमें विद्यार्जन के दौरान कमज़ोर माने गए बच्चे या वे बच्चे, जिन्हें औपचारिक शिक्षा मिली ही नहीं, बड़े होने पर अपने कार्यक्षेत्र के दिग्गज बने। विज्ञान के क्षेत्र के शिखर पुरुष न्यूटन और आइंस्टीन कमज़ोर छात्रों की श्रेणी में आते थे। थॉमस अल्वा एडिसन के शिक्षक ने तो उनके लिए यहाँ तक कह दिया था कि यह लड़का कुछ सीख ही नहीं पाता। हवाई जहाज का आविष्कार करने वाले राईट बन्धुओं ने हाईस्कूल तक की औपचारिक शिक्षा भी पूरी नहीं की थी। श्रीनिवास रामानुजन गणित के जादूगर थे, लेकिन अन्य सभी विषयों में फेल होते थे। बिल गेट्स ने कॉलेज की शिक्षा पूरी नहीं की और धीरूभाई अम्बानी ने कोई औपचारिक शिक्षा प्राप्त नहीं की थी। ए.आर. रहमान ने स्कूली पढ़ाई अधूरी छोड़ी, वहीं लता मंगेशकर और आशा भोंसले ने औपचारिक शिक्षा पाई ही नहीं। ओबरॉय ने होटल में वेटर का कार्य किया। सचिन तेंडुलकर दसवीं कक्षा पास नहीं कर पाए। शाहरूख खान ने बैंच पर सोकर रातें गुज़ारीं, वे दोस्त से रोज़ाना 20 रुपये उधार लेकर फ़िल्मसिटी पहुँचे। इन लोगों और ऐसे ही कई और लोगों के उदाहरण साबित करते हैं कि कैरियर बनाने, नाम कमाने, अपने हुनर से दुनिया को समृद्ध करने और अपना जीवन सार्थक करने के लिए न रट्टू तोता बनना अनिवार्य है, न अच्छा पर्सेंटेज बनाना। ज़रूरत है अपने हुनर, अपने कौशल को माँजने की, उसे सँवारने की, नवोन्मेष करने की, साहस करने की और अथक परिश्रम के साथ लगातार प्रयास करने की।

परीक्षा में विफलता के बाद भी कोशिश ज़ारी रख सफलता का परचम लहराया

जे.ई.ई., नीट, स्टेट बोर्ड, सी.बी.एस.ई. व अन्य प्रवेश परीक्षाओं में प्रतिवर्ष लगभग 60 लाख से अधिक छात्र शामिल होते हैं। अकेले नीट में परीक्षा देने वाले लगभग 17 लाख छात्रों में मात्र 90 हज़ार को मेडिकल कॉलेज मिल सकेगा। इसी प्रकार क़रीब 12 लाख छात्रों में मात्र 16 हज़ार ही आई.आई.टी. में सीट पा सकेंगे। इन परीक्षाओं में पास होने वालों की तुलना में औसत अंक प्राप्त करने और फेल होने वालों का आँकड़ा अधिक है, लेकिन अपनी कोशिशों से सफल हो कई ने कामयाबी का परचम लहराया। इनमें से कुछेक के उदाहरण प्रस्तुत हैं, जिनसे प्रेरणा लेने की आवश्यकता है।

ऍन्त्रोप्रेन्योर अंकुर का फेलियर रेज़्यूमे

ऍन्त्रोप्रेन्योर अंकुर वारिकू का फेलियर रेज़्यूमे युवाओं के बीच ख़ास लोकप्रिय है। अपने रेज़्यूमे में अंकुर ने बताया है कि वे किस साल कौन-से स्कूल, कॉलेज में प्रवेश लेने में फेल हुए थे। अंकुर का कहना है, 'सफलता के पीछे रिजेक्शंस, रोड ब्लॉक्स और सेल्फ़ डाउट की कई परतें छिपी होती हैं। ज़रूरी है कि आप इनसे हार न मानें।'

थर्ड डिवीजन से पास हुए थे, आज आई.ए.एस. हैं

छत्तीसगढ़ कैडर के आई.ए.एस. अवनीश कुमार शरण को 10वीं में 44 प्रतिशत अंक मिले। बीपीएससी परीक्षा में वे 10 बार फेल हुए। फिर भी हिम्मत न हारकर यूपीएससी की तैयारी की। दूसरे प्रयास में उनकी 77वीं रैंक आई।

ये परीक्षा में फेल पर कॅरिअर में सफल : आई.आई.टी. सेमेस्टर में 6 नम्बर लाने वाला आज टॉप यूट्यूबर

अमित शर्मा आई.आई.टी. रूड़की में पहले सेमेस्टर में मैथ्स में फेल हो गए थे। उनके 100 में से मात्र 6 नम्बर आए थे, लेकिन फिर से तैयारी की और गणित में 35 नम्बर लाकर पास हुए। आज अपने यूट्यूब चैनल क्रेजी एक्सवाईजी के कंटेंट के कारण वे देश के टॉप क्रिएटर्स में शामिल हैं।

बी.एससी. में फेल फिर यूपीपीएससी किया क्लीयर

यूपी में स्टेट जीएसटी के ज्वाइंट कमिश्नर प्रदीप कुमार सोनी हायर सेकेंडरी में थर्ड डिवीजन से पास हुए। बी.एससी. प्रथम वर्ष में वे फेल हो गए। 1999 में यूपीपीएससी दिया, यहाँ उन्हें सफलता मिली।

12वीं में गणित में पास नहीं हुए फिर भी बने आई.पी.एस.

डीआईजी आई.एस.एफ. मनोज शर्मा 12वीं की परीक्षा में गणित में फेल हो गए, लेकिन 2003 में सिलेक्शन आई.पी.एस. के लिए हुआ।

दीवार पर दाना लेकर रेंगने वाली चींटी को देखिए और प्रेरणा लीजिए :

नन्ही चींटी जब दाना लेकर चढ़ती है
चढ़ती दीवार पर सौ बार फिसलती है
आख़िर उसकी मेहनत बेकार नहीं होती
कोशिश करने वालों की कभी हार नहीं होती।

असफलताएँ चुनौतियाँ हैं, मन को कमज़ोर न होने दो

असफलताओं को असफलताओं के रूप में देखने वालों को वे बड़ी डरावनी भले दिखाई देती हैं, किन्तु उन व्यक्तियों को इनका सामना करने में आनन्द आता है जो इन्हें सफलता के रास्ते की चुनौती के रूप में स्वीकार करते हैं। वे जानते हैं कि एक बार जब किसी असफलता को दूर करने के लिए

दृढ़तापूर्वक जुटना पड़ता है, तो उसे सफलता में बदलने में देर नहीं लगती। इसके विपरीत जब तक उसे भय मानकर उससे दूर रहा जाता है, तब वह दुर्गम पहाड़ी की भाँति सम्मुख खड़ी प्रतीत होकर अवरोधक बनती है। इसलिए आदमी को कभी हिम्मत नहीं हारनी चाहिए, क्योंकि पहाड़ों से निकली नदी ने आज तक रास्ते में किसी से नहीं पूछा कि समुन्दर कितनी दूर है? मुनिश्री तरुणसागर का कथन है :

> *हिम्मत मत हारो।*
> *शरीर कमज़ोर हो और मन मज़बूत हो, तो काम चल जाएगा, लेकिन मन कमज़ोर हो और शरीर मज़बूत हो, तो काम नहीं चलेगा। ज़िन्दगी में चुनौतियाँ तो मिलेंगी। कालिदास को चुनौतियाँ मिलीं, तुलसीदास को चुनौतियाँ मिलीं, कबीरदास को चुनौतियाँ मिलीं। आपको भी चुनौतियाँ मिलेंगी। प्रकृति ने हमें कुछ करने को जन्म दिया है। इसलिए मन को कभी कमज़ोर मत होने देना।*

आत्महत्या से तुम्हें क्या मिलेगा?

सन्तान प्राप्ति के लिए माँ-बाप कैसी-कैसी मान्यताएँ और मन्नतें माँगते हैं। पूजा-पाठ, अनुष्ठान करते हैं ताकि उनकी जीवन बगिया सज जाए, महक उठे, सँवर जाए। तुम्हारे पैदा होने के बाद सोचते हैं कि दुनिया की सारी ख़ुशियाँ प्राप्त हो गईं। तुम्हारी बीमारी में रात-रात जागते हैं। अपना खाना-पीना तक भूल जाते हैं।

तुम आत्महत्या करना चाहते हो, क्यों? परीक्षा में सफल नहीं हो पाए। पर एक बात बताओ, ख़ुद को मारने से क्या प्राप्त होगा? तुम तो ख़त्म हो जाओगे और उसके बाद तुम्हारा परिवार न जाने कितने समय तक इस दुःख की घड़ी से उबर नहीं पाएगा। क्या तुम परिवार को ऐसा दुःख देना चाहते हो? तुम्हारे माँ-बाप, भाई-बहिन, दोस्त, पड़ोसी और नाते-रिश्तेदार तुम्हारे पास हैं। तुम अकेले कहाँ हो। जहाँ भी जाओगे ये सब तुम्हारी बातें ज़रूर सुनेंगे। संसार तुम्हारे सामने खड़ा है, कोई न कोई तुम्हारा हमदर्द ज़रूर बनेगा।

आपके पिता श्री वटवृक्ष की भाँति आपको शीतल छाया प्रदान करते हैं, माता जी अपने आँचल में आपका हर दुःख-दर्द समेटने को आतुर हैं। आत्महत्या करके उनकी भावनाओं को, उनके त्याग को, उनकी तपस्या को धूल-धूसरित न करें।

कई बार ऐसा भी देखा गया है कि माता-पिता कोई दबाव नहीं डालते, बल्कि बच्चे को उसके अनुसार ही जीने देते हैं और उस पर भी बच्चा आत्महत्या जैसा जघन्य अपराध कर लेता है और पीछे छोड़ जाता है ज़िन्दगीभर माँ-बाप को ख़ून के आँसू रोने के लिए।

मेरे जानने वालों में एक महिला ऐसी हैं जिनकी बेटी ने बारहवीं की परीक्षा में रिजल्ट आने से पहले ही छत से कूदकर आत्महत्या कर ली थी, क्योंकि उसे लगा कि दिल्ली में अपने मनपसन्द कॉलेज में एडमिशन नहीं मिल सकेगा।

आज उस घटना को सात वर्ष गुज़र चुके हैं, उन महिला का इलाज कराते-कराते घर वाले दिवालिया हो चुके हैं, पर अभी भी वह किसी से कुछ नहीं बोलतीं, न कुछ खातीं, न कुछ करतीं। पत्थर की मूरत की तरह एक ज़गह चुपचाप बैठी रहती हैं। बेटी के मृत शरीर को देखने के बाद उन्हें ऐसा सदमा लगा कि वह ख़ुद भी एक ज़िन्दा लाश बनकर रह गई।

उस बेटी ने एक बार भी अपनी माँ के लिए नहीं सोचा। छात्रों को पेपर ख़राब होने पर या मनपसन्द कॉलेज नहीं मिलने पर कम-से-कम एक बार तो अपने माता-पिता की ओर देखना चाहिए। जिन बच्चों के ज़रा-सा बीमार होने पर माँ-बाप, ज़मीन-आसमान एक कर देते हैं उन्हें वे किस तरह से अपनी आँखों के आगे जाता हुआ देखते हैं। उस दर्द की कोई कल्पना नहीं कर सकता।

परिवार बिना जीवन, जीवन नहीं

मनोवैज्ञानिकों का कहना है कि आज की बदलती जीवन शैली और प्रतिस्पर्धा के दौर में तनाव, अवसाद तथा अन्य मानसिक समस्याओं से निपटने में अपनों का साथ महत्त्वपूर्ण भूमिका निभाता है। अपनों से मिलकर हम न सिर्फ़ एक-दूसरे से मन की बात कह सकते हैं, बल्कि बड़ी-से-बड़ी समस्याओं का समाधान भी आसानी से निकल जाता है। मुसीबत के समय अपनों का पास होना ही सबसे बड़ा सम्बल होता है और यही सम्बल हमें विपरीत परिस्थितियों से लड़ने का साहस देता है और हम परेशानियों से आसानी से बाहर भी निकल जाते हैं। इसे ही कहते हैं परिवार की एकता की ताक़त।

परिवार के बारे में किसी ने ठीक ही कहा है :

परिवार से बड़ा कोई धन नहीं
पिता से बड़ा कोई सलाहकार नहीं
माँ की छाँव से बड़ी कोई दुनिया नहीं
भाई से अच्छा कोई भागीदार नहीं
बहन से बड़ा कोई शुभचिन्तक नहीं
पत्नी से बड़ा कोई दोस्त नहीं।
इसलिए परिवार के बिना जीवन, जीवन नहीं।

बड़े अनमोल हैं ये ख़ून के रिश्ते

घर को यदि हम वाटिका मान लें तो उसमें प्रेम और स्नेह को पुष्प मानकर चलना पड़ेगा, क्योंकि घर-परिवार के प्राण तो प्रेम में ही बसे रहते हैं। यह प्रेम ही है जो पति को पत्नी से, सास को बहू से, भाई को भाई से एवं सभी सदस्यों को एक-दूसरे से बाँधे रखता है। प्रेमभाव की सबसे बड़ी विशेषता यह है कि वह अपनी हानि मंज़ूर करके दूसरों को लाभान्वित करने के लिए आगे बढ़ता जाता है। प्रेम में बदले की भावना नहीं होती है। मतलब यह है कि परिवार में यदि निश्छल प्रेमियों का जमावड़ा है तो वह त्याग और बलिदान के लिए हर समय तैयार रहेगा। प्रेम की डोरी में बँधकर ही कठिनाई के समय एक-दूसरे से सुख प्राप्त कर सकता है अन्यथा नहीं। प्रेम की इस भावना में डूबकर पिता, पुत्र के लिए, भाई, बहन के लिए, माँ, बेटी के लिए सब कुछ त्याग देती हैं। स्वयं कष्ट उठाकर भी माँ अपनी सन्तान के सुख की माला जपती रहती हैं।

पारिवारिक रिश्ते के बारे में किसी ने लिखा है :

बड़े अनमोल हैं ये ख़ून के रिश्ते,
इनको तू बेकार न कर
मेरा हिस्सा भी तू ले ले मेरे भाई
घर के आँगन में दीवार खड़ी न कर।

घर और मकान में अन्तर

घर वह स्थान है जहाँ आप आत्मीयता का अनुभव करते हैं। जहाँ हम सीखते हैं दूसरों के लिए अपने सुख का कैसा उत्सर्ग किया जाए। घर कहता है, दूसरों के लिए जी और दूसरों के बल पर जी। क्या लेना, कितना लेना और कितना देना, इस प्रश्न का उत्तर घर ही देता है। यदि आप मकान को घर बनाना चाहते हैं, तो ईंट-गारे से बनी इस इमारत में अपनी भावनाओं का भी थोड़ा निवेश करें। तभी घर बनता है जब उसमें रहने वाले उसे सही अर्थ में घर बनाना चाहते हों।

आप अपने घर की क़ीमती सामान से सज़ावट क्यों न कर लें, किन्तु वह सज़ावट तब तक सुखप्रद न बनेगी जब तक आप अपने घर को प्रेम, विनय, त्याग और सहनशीलता के गुलदस्तों से न सजा दें।

ओपरा विनफ्रे को पिता ने बचाया आत्महत्या से

आज की सबसे प्रभावशाली महिला ओपरा विनफ्रे जिसे मनोरंजन के क्षेत्र में योगदान के लिए 2013 में राष्ट्रपति पुरस्कार से नवाज़ा गया था, के मन में न केवल आत्महत्या का विचार ही आया, बल्कि वे आत्महत्या करने के तरीक़े की खोज कर रही थीं। वाक़या कुछ इस प्रकार का है कि जब वे 14 वर्ष की थीं तब उन्हें पता चला कि वे प्रेग्नेंट हैं। इस बात को वे किसी तरह माता-पिता से छिपाए रखना चाहती थीं, वे घबराई हुई थीं और आत्महत्या का तरीक़ा खोज रही थीं।

ओपरा ने स्वयं के एक साक्षात्कार में बताया कि उन दिनों मेरे पास इंटरनेट होता तो आज मैं जीवित नहीं होती, क्योंकि आप गूगल से किसी भी काम का तरीक़ा पूछ सकते हैं। इसी बीच उसके मन में विचार आया कि आत्महत्या जैसे किसी क़दम से तो पिता को सब कुछ बता देना अच्छा है। आख़िरकार हिम्मत जुटाकर उन्होंने सब कुछ पिता को बता दिया। पिता ने ओपरा की ग़लती को माफ़ करते हुए कहा कि आगे कभी आत्महत्या करने का विचार मन में मत लेना। तुमने जो अब तक किया वह अतीत था, लेकिन अब तुम्हें तय करता है कि तुम्हारा भविष्य क्या होगा।

किसी ने ठीक ही कहा है : बाज़ार में सब कुछ मिल जाता है, लेकिन माँ जैसी ज़न्नत और बाप जैसा साया कभी नहीं मिलता।

ब्लैकमेलर ने मेरा जीवन ख़राब कर दिया—परिवार ने बचाया आत्महत्या करने से

मैं बी.कॉम. फाइनल की छात्रा हूँ। मेरी उम्र 19 वर्ष है। एक युवक जो अच्छे-ख़ासे सम्भ्रात परिवार का दिखता था, उससे मेरी दोस्ती हो गई। उसके साथ पिक्चर देखने और घूमने जाने

लगी, हमारी निकटता बढ़ती गई। हमारे शारीरिक सम्बन्ध भी बन गए। मैं उसे भावी जीवनसाथी के रूप में देखने लगी। उसने मेरी नादानी का फ़ायदा उठाकर मेरा अश्लील वीडियो बना लिया। जब मुझे वह वीडियो दिखाया तो मेरे होश उड़ गए, मैं शर्म के मारे गड़ गई। उसने मुझसे कहा कि यह वीडियो मैं किसी और को नहीं दिखाऊँगा। बस तुम्हें इतना करना है कि मेरा जो अभिन्न मित्र है उसके साथ भी सम्बन्ध बनाना है। यदि तुमने ऐसा नहीं किया तो मैं वीडियो वायरल कर दूँगा, सोच लो।

मैंने सोचा ही नहीं, पक्का इरादा कर लिया कि मैं उस नीच ब्लैकमेलर का कहना क़तई नहीं मानूँगी, मैं अपनी जान दे दूँगी।

मैं माता-पिता की लाड़ली बेटी हूँ। उनका मेरे ऊपर पूरा विश्वास है कि मैं कोई ग़लत काम नहीं करूँगी। यदि मेरे बारे में यह सब मालूम हुआ तो उनके दिल पर क्या बीतेगी। वैसे भी मेरे पापा हार्ट पेशेंट हैं, क्या वे यह बर्दाश्त कर पाएँगे? मेरी मम्मी का भी क्या हाल होगा, इसकी मैं कल्पना भी नहीं कर सकती।

मैंने जो अपराध किया है, माता-पिता के विश्वास को तोड़ा है, मैं प्रत्यक्ष रूप से उनके सामने उनसे माफ़ी माँग सकूँ इतना साहस मुझमें नहीं है। अतः सुसाइड नोट में सब कुछ लिखकर मैं उनसे माफ़ी माँगना चाहूँगी।

अब मेरे सामने ख़ुदकुशी करने के अलावा कोई चारा नहीं बचा है।

रुकिए! दूसरी बड़ी ग़लती से

भावुकता कहें या नादानी, एक ग़लत क़दम तो पहले ही आप उठा चुकी हैं। अब दूसरा उससे भी बड़ा क़दम, आत्महत्या का उठाने की ग़लती क़तई न करें।

इससे आपका अपना दुर्लभ जीवन तो समाप्त होगा ही, साथ ही आपके माता-पिता भी जीते-जी मर जाएँगे।

रास्ता है

सबसे पहले आप अपनी मम्मी को वस्तुस्थिति स्पष्ट करते हुए अपनी ग़लती के लिये माफ़ी माँगें। वे निश्चित ही आपको माफ़ कर देंगी। साथ ही आपके पापा को भी समझाकर सेट कर देंगी। याद रखिए माँ-बाप का हृदय अपने बच्चों के लिए विशाल होता है, वे उनके बड़े-से-बड़े अपराध को भी माफ़ कर देते हैं।

आपको ब्लैकमेल करने वाले युवक को आपके पापा कड़े शब्दों में हिदायत दें कि भविष्य में वह आपसे किसी प्रकार का सम्पर्क बनाने से बाज़ आए; साथ ही जो वीडियो बनाया है, उसे नष्ट कर दे अन्यथा उसके विरुद्ध पुलिस में शिकायत दर्ज़ करा दी जावेगी। इसके बावजूद भी वह नहीं मानता तो पुलिस में शिकायत दर्ज़ करा दी जाए। आजकल पुलिस ऐसे मामलों में त्वरित कार्यवाही करती है।

आत्मविश्वास के साथ अपनी आगे की पढ़ाई चालू रखें। आपके साथ जो हो चुका है उससे आपके कैरियर में कोई बाधा उपस्थित नहीं होगी और न ही आपके विवाह में ही।

आपके साथ जो घटित हुआ है वह पहली घटना नहीं है। ऐसी घटनाएँ आए दिन होती रहती हैं। अत: उसे भुलाकर आगे बढ़ें, सार्थकता से जिएँ और भविष्य में कभी आत्महत्या की बात ज़बान पर न आने दें।

भारतीय परिवारों के बारे में मैक्स मूलर के विचार

> *स्नेह, सहयोग, समर्पण, आत्मीयता एवं त्याग के उदात्त भाव जो यहाँ दिखाई पड़ते हैं, वह विश्व में कहीं भी दुर्लभ हैं। भारतीय संस्कृति के साकार स्वरूप का दर्शन इन परिवारों में किया जा सकता है जहाँ कि प्रत्येक सदस्य पदार्थ एवं*

बुद्धि से ऊपर उठकर अपने श्रेष्ठ त्याग द्वारा भावनिष्ठा का परिचय देता है। अभावग्रस्त स्थिति में रहते हुए भी पति-पत्नी के बीच का निश्छल प्रेम उन्हें अटूट बन्धन से बाँधे रखता है जो किसी अन्य किसी भी भौतिक बन्धन द्वारा सम्भव नहीं।

सांस्कृतिक विरासत के रूप में भारत को अनेकानेक अनुदानों में एक थी—पारिवारिक स्नेह, सद्भाव की सुदृढ़ पृष्ठभूमि, जिसके कारण पति-पत्नी जीवनपर्यन्त सुख-दु:ख में हिस्सा बँटाते ख़ुशहाल थे, लेकिन पश्चिम की भौतिकवादी मान्यताओं ने हमारे जीवन दर्शन को बुरी तरह प्रभावित किया है। परिवार के सम्बन्ध में चली आ रही सदियों की उदात्त दृष्टि भी प्रभावित हुई है। सघन भाव-संवेदनाएँ कभी पति-पत्नी ही नहीं, सम्पूर्ण परिवार को जोड़े रखती थीं, उसमें भारी कमी आई है। जैसे-जैसे भावनात्मक रिश्ते बौद्धिकता के धरातल पर आने लगते हैं यह टकराहट बढ़ती जाती है और एक सीमा के बाद टकराहट और भी बढ़ जाती है; तब तलाक़ के लिए आवाज़ लगाई जाती है। साथ ही महिलाओं द्वारा बड़ी संख्या में की जाने वाली आत्महत्याओं का यह एक बड़ा कारण बन जाता है। आज देश में यही स्थिति है।

डिनर थैरेपी—तनाव को कम करने का सीक्रेट फॉर्मूला

हमेशा प्रसन्न और स्वस्थ बने रहने के लिए अमेरिका सहित अन्य देशों में 'डिनर थैरेपी' का चलन बढ़ा है। इसे पारिवारिक तनाव को कम करने का सीक्रेट फॉर्मूला तक बताया जा रहा है। दरअसल, अमेरिकन हार्ट एसोसिएशन के शोधकर्ताओं ने अध्ययन में पाया कि 91 प्रतिशत पेरेंट्स मानते हैं कि परिवार के साथ बैठकर खाना खाने से तनाव कम होता है।

बेकफील्ड रिसर्च द्वारा 1000 अमेरिकी वयस्कों पर हेल्दी फॉर गुड मूवमेंट के अन्तर्गत एक सर्वे किया गया। इसमें पाया गया कि 84 फीसदी लोग चाहते हैं कि वे अपने प्रियजन के साथ भोजन करें, इससे तनाव कम होता है और निराशावादी विचार कम आते हैं।

जॉन्स हॉपकिन्स में कॉर्डियोलॉजी में सहयोगी निदेशक अमेरिकन हार्ट एसोसिएशन के प्रो. एम.एच.एच. एरिन का भी यही कहना है कि परिवारजनों

के साथ खाना खाने से तनाव कम होता है और आत्मसम्मान को बढ़ावा मिलता है जो आत्महत्या की घटनाओं को कम करने में मददगार होता है।

आत्महत्या की बढ़ती हुई घटनाओं का कारण

संयुक्त परिवार प्रथा हमारे देश, हमारी संस्कृति की पहचान थी। एक मकान, एक ही छत के नीचे पूरा कुटुम्ब। रिश्तों के गठजोड़ और अलग-अलग आयु और रिश्तों के अनुसार अलग-अलग अनुभव, साझा जीवनचर्या। मगर अब क्या हुआ इन कुटुम्बों का? कहाँ गई हमारी संस्कृति की पहचान? अब न कोई बड़ों से अनुभव लेना चाहता है और न ही उनको साथ पाने की इच्छा रखता है।

एकल परिवार में रहने वाले को लगता है कि अकेले रहकर अपनी ज़िन्दगी अच्छी तरह जी पाएगा, लेकिन वह इस बात को नहीं जानता कि ऐसे में वह अपने बच्चों को उन अनुभव और दुआओं के साए से दूर ले जा रहा है जो उनके पालन-पोषण के लिए ज़रूरी हैं। यानी कि घर के दादा-दादी, नाना-नानी। आज की पीढ़ी द्वारा बुजुर्ग पीढ़ी की अनदेखी करना वर्तमान परिप्रेक्ष्य में बहुत ही कष्टदायी है। परिवार के साथ रहने से बच्चे न केवल सुरक्षा और संरक्षण पाते हैं, बल्कि वे उन अनुभवों के साथ जीते हैं, जो उन्हें भविष्य में अपने पैरों पर खड़ा होने तथा परेशानियों और कष्टों से निपटने में सहायक होते हैं, देश में बढ़ती हुई आत्महत्या की घटनाओं का एक बड़ा कारण संयुक्त परिवार प्रथा का विघटन भी है।

अभिभावक समझें अपना दायित्व, बचाएँ अपनों को अनहोनी से

अपने बच्चों के उज्ज्वल भविष्य निर्माण के बारे में सोचना हर माता-पिता का पुनीत कर्त्तव्य है और दायित्व भी। जिस प्रकार माता-पिता अपने दायित्व का निर्वाह करते हैं, उसी प्रकार बच्चे भी अपने माता-पिता के अरमानों की पूर्ति करना अपना कर्त्तव्य मानते हैं, लेकिन कभी-कभी यह देखने में आता है कि माता-पिता के अरमान बच्चों के दिल-दिमाग में इस सीमा तक हावी रहते हैं कि यदि किसी कारणवश उनके अरमान पूरे नहीं कर पाए तो वे इसके लिए अपने को दोषी मानकर अप्रिय क़दम तक उठा लेते हैं, जिसे आत्महत्या कहते हैं। अतः अनहोनी से बचने के लिए माता-पिता का कर्त्तव्य है कि वे अपने अरमानों का अनावश्यक दबाव बच्चों पर न डालें।

बच्चों का मनोबल न तोड़ें

यदि आपके बच्चे का रिजल्ट उसकी योग्यता में कमी दर्शाता है या वह फेल हो जाता है तो आपका फ़र्ज़ बनता है कि उसे डाँट-डपटकर उसका मनोबल न तोड़ें। इससे बच्चा अवसाद में जा सकता है और उलटा-सीधा क़दम उठा सकता है। आपको चाहिए कि बच्चे को समझाएँ कि परीक्षा फिर हो सकती है। यह परीक्षा उसके जीवन की परीक्षा नहीं है, यदि जीवन है तो परीक्षा फिर भी दी जा सकती है। बच्चे को यह बताएँ कि तुम्हारी यह असफलता

ही एक दिन तुम्हारी सफलता की सीढ़ी बन सकती है, क्योंकि असफलता ही सफलता की कुंजी है।

सुप्रसिद्ध उद्योगपति जमशेद जी टाटा का कथन है :

> *असफलता वह अद्भुत शब्द है, जो यदि नहीं होता तो शब्दकोश अधूरे ही रह जाते, यदि असफलता शब्द नहीं होता, तो सफलता का प्रारम्भ कैसे होता और व्यक्ति सफलता का स्वाद लेने से वंचित रह जाता।*

जानें—बच्चा अवसाद का शिकार तो नहीं

बच्चों में अवसाद की पहचान करना एक कठिन काम है, लेकिन असम्भव नहीं। अवसाद का शिकार होने पर वे अचानक गुमसुम रहने लगते हैं। पढ़ना छोड़ देते हैं या माँ-बाप के कुछ ग़लत बोल देने पर रोने लगते हैं। बच्चों के साथ खेलना बन्द कर देते हैं। अकेले-अकेले रहना पसन्द करने लगते हैं। स्कूल जाने से इनकार कर देते हैं। यदि इस प्रकार के लक्षण उभर रहे हों तो उन्हें इलाज से पहले प्यार से ठीक करने की कोशिश करें। अवसादग्रस्त बच्चों को भावनात्मक सहायता और काउंसलिंग की अधिक ज़रूरत होती है, अभिभावकों को चाहिए कि ऐसे बच्चों को अधिक समय दें। उन्हें दूसरे बच्चों के साथ आउटडोर गेम खेलने को कहें। अपने साथ लेकर उन्हें प्रेरक फ़िल्में दिखाएँ तथा अच्छी पुस्तकें पढ़ने दें।

बच्चों में अवसाद के अन्य कारण

बच्चों में अवसाद के अन्य कई कारण हो सकते हैं। उन पर ध्यान देना और समय-समय पर उनका निराकरण ज़रूरी है, जैसे—आत्मविश्वास की कमी और परीक्षा का डर, पढ़ाई में पिछड़ जाना, परीक्षा में फेल हो जाना या अपेक्षा से बहुत कम अंक आना, पढ़ाई का दबाव, ग़लत सोसाइटी में पड़ना, दबंग साथी की दादागिरी का शिकार, अध्यापकों का दुर्व्यवहार।

बच्चों पर न थोपें अपनी पसन्दगी

हर व्यक्ति का मानना है कि बच्चे वही करें जो हम कहें, वही बनें जो हम बनाएँ। बच्चे उन्हीं रास्तों पर चलें जो हमने बनाए हैं, क्योंकि बच्चे तो आख़िर हमारे हैं और हम बच्चों के बाप हैं। किसी बच्चे का बाप होना, महज संयोग की बात है। आप, बच्चे के बाप होने के नाते, बच्चों की अच्छी परवरिश करें। उन्हें पढ़ाएँ, लिखाएँ, उनकी प्रतिभा को निखारने में उनका सहयोग करे पर उन पर अपनी पसन्द न थोपें, उन्हें संस्कार ज़रूर दें, पर उनका रास्ता न रोकें। पसन्दगी के बारे में देखिए एक दिलचस्प उदाहरण :

बच्चे से किसी व्यक्ति ने पूछा, 'तुम बड़े होकर क्या बनोगे?'

बच्चे ने उत्तर दिया, 'पागल।'

उसने कहा, 'क्या मतलब?' बच्चे ने कहा, 'पापा मुझे डॉक्टर बनाना चाहते हैं, मम्मी मुझे इंजीनियर बनाना चाहती हैं, भैया क्रिकेटर बनाना चाहते हैं, चाचू संगीतकार बनाना चाहते हैं, अब आप बताएँ मैं पागल नहीं तो और क्या होऊँगा?'

छात्र-छात्राओं के माता-पिता में यह बात आमतौर पर देखने को मिलती है कि वे जिन महत्त्वाकांक्षाओं को अपनी ज़िन्दगी में पूरा न कर सके, उसे अपने बच्चों के माध्यम से पूरा होते देखना चाहते हैं। स्पष्ट है कि वे अपने इन अधूरे सपनों को पूरा करने के लिए अपने बच्चों पर दबाव बढ़ाते हैं और उनको मानो अग्निपरीक्षा से गुज़ारने का उपक्रम बना डालते हैं।

एक सत्य घटना

एक पिता अपने बेटे को डॉक्टर बनाना चाहते थे। बेटा इतना मेधावी नहीं था कि वह पी.एम.टी. निकाल सके। इसलिए उन्होंने दलालों के माध्यम से एम.बी.बी.एस. की सीट ख़रीदने का जुगाड़ किया। मकान, जेवर गिरवी रखकर 80 लाख रूपये दलालों को दिये, लेकिन वहाँ धोखा हो गया।

फिर किसी तरह विदेश में लड़के का एडमीशन कराया गया, वहाँ भी वह चल नहीं पाया, फेल हो गया। डिप्रेशन में रहने लगा। रक्षाबन्धन पर वह घर आया और यहाँ फाँसी लगाकर आत्महत्या कर ली। माँ-बाप और बहन ने भी 21 रोज़ बाद कीटनाशक गोलियाँ खाकर आत्महत्या कर ली।

अपने बेटे को डॉक्टर बनाने की झूठी अतिशय महत्त्वाकांक्षा ने पूरा का पूरा परिवार लील लिया। माँ-बाप अपने सपने, अपनी महत्त्वाकांक्षा अपने बच्चों से पूरी करना चाहते हैं, चाहे वह योग्य हो या न हो।

समाजशास्त्री प्रो. सुरिन्दर सिंह का कथन है कि भारत में बाज़ार के बढ़ते प्रभाव के कारण महत्त्वाकांक्षाएँ बढ़ी हैं। यह उदारवाद का दोयम रूप अपनाने के कारण हुआ है। ऐसी ज़गह मीडिया और विज्ञान मिलकर इच्छाओं के आसमान को ऊँचा करने का काम करते हैं और लोग उन्हीं ऊँचे सपनों में जीने लगते हैं। स्वाभाविक है कि ये सपने पूरे होना सम्भव नहीं है और इस कारण भी हताशा उपजती है जो आत्महत्या का एक कारण बनती है।

अन्त में यह कहा जा सकता है कि अतिशय महत्त्वाकांक्षा रखना जीवन को असन्तोष और निराशा से भर लेना है। ऐसी महत्त्वाकांक्षा किस काम की जो अपने वर्तमान जीवन का सारा रस और आनन्द ही नष्ट कर दे और भविष्य में आत्मघाती क़दम उठाने के लिए विवश कर दे।

बच्चों से सहज संवाद रखें और उन्हें समझने की कोशिश करें

व्यक्ति की ज़िन्दगी का सबसे नाज़ुक दौर होता है किशोर अवस्था। इस अवस्था के दौर में व्यक्ति न तो बच्चा होता है और न ही बड़ा। उसका शरीर, दिमाग़, मन सब विकसित होने की अवस्था में होते हैं। यह विकास इतनी तेज़ी से होता है कि यदि बच्चों को सही दिशा न मिले, तो वे भटक सकते हैं। इस अवस्था में बच्चे अन्तर्मुखी हो जाते हैं और ऐसा लगता है कि उन्होंने अपनी एक अलग दुनिया बसा ली है। उनके दोस्त, बाइक, पढ़ाई और उन सबके शारीरिक परिवर्तन, विपरीत सेक्स के प्रति बढ़ता आकर्षण, सिगरेट, बीयर, ड्रग्स, मोबाइल, चैटिंग और न जाने क्या-क्या उसके जीवन में गुज़रने लगता है।

दुनियाभर के मनोवैज्ञानिकों ने अभिभावकों के लिए यह सलाह दी है कि वे प्रतिदिन बच्चों से सहज संवाद बनाए रखें। बच्चों की हर बात सुनने और समझने की कोशिश करें। उनके खाने-पीने और सेहत का हरसम्भव ख़याल रखें। उनके जज़्बातों को समझने की कोशिश करें और उन्हें ज़्यादा से ज़्यादा समय दें।

कई बार छोटी-छोटी बातों पर, परीक्षा में किसी टेस्ट में बच्चे के कम अंक आने पर पिता द्वारा डाँटने पर बच्चे और पिता के बीच संवादहीनता की स्थिति बन जाती है, यह चिन्ताजनक है।

कई बार ऐसा भी होता है कि बच्चे किसी चीज़ से बचने के लिए विशेषकर पढ़ाई से, इस तरह के लक्षणों का झूठा दिखावा करने लगते हैं ताकि वे बीमार लगें। ऐसे में बच्चों की समस्या समझना ज़रूरी है और डराने-धमकाने या मारने-पीटने के बजाय समस्या को हल करने के लिए ऐसा तरीक़ा अपनाना चाहिए जिससे बच्चों की भावनाएँ आहत न हों।

बच्चों को तुलना की तुला में न तौलें

अकसर अभिभावक अपने बच्चों की दूसरों के बच्चों से तुलना करते हैं और उन्हें सर्वश्रेष्ठ प्रदर्शन करने के लिए बार-बार कहते हैं। अपना श्रेष्ठ प्रदर्शन करना तो अच्छी बात है, लेकिन दूसरों से श्रेष्ठ होना, दूसरों की तुलना में अधिक अच्छा होना? इस प्रकार की प्रतिस्पर्धा में बच्चों के अन्दर श्रेष्ठ गुण विकसित नहीं हो पाते।

यह वास्तविकता है कि हर बच्चे की बुद्धि, योग्यता व दक्षता भिन्न-भिन्न होती है। ऐसे में किसी बच्चे की दूसरे बच्चे से तुलना करना उसके अन्दर नकारात्मक दृष्टिकोण पनपने का कारण बन सकती है। किसी बच्चे पर अधिक अंक लाने का दबाव उसे कई तरह की योग्यताओं को अर्जित करने की क्षमता से वंचित कर सकता है। अपने बच्चे को अच्छे कार्य करने के लिए प्रेरित करना, उसकी क्षमताओं को विकसित करने हेतु प्रोत्साहित करना बहुत अच्छी बात है, किन्तु उसके लिए अभिभावकों द्वारा लक्ष्य निर्धारित करना, उस पर अपना दबाव बनाना ग़लत है, इससे वह कुंठित होता है और वह जो करना चाहता है, जिस दिशा में आगे बढ़ने में उसकी रुचि है, उसकी वह क्षमता अवरुद्ध हो जाती है।

इसलिए अपने बच्चे से कभी मत कहो कि अगर परीक्षा में तुम्हारे नम्बर कम आए तो तुम अपने मनपसन्द कॉलेज में एडमीशन नहीं पा सकोगे या पड़ोस वाले बच्चे से पीछे रह जाओगे अथवा खानदान की नाक कटवा दोगे। हर बच्चा अपने माता-पिता की अपेक्षाओं पर, उनकी कसौटियों पर हमेशा ख़रा उतरने का प्रयास करता है और यदि वह ऐसा नहीं कर पाता तो बहुत अधिक निराशा, हताशा व ग्लानि महसूस करता है। ऐसे क्षणों में उसे अभिभावकों के सम्बल व सांत्वना की ज़रूरत होती है। अतः ऐसे समय में बच्चे को अपमानित करने व डाँटने से बचें, क्योंकि यह संवेदनशील स्थिति होती है, जिसके कारण बच्चा आत्महत्या जैसे घातक क़दम उठा सकता है।

सन्त मुनि तरुणसागर का कहना है कि अपने बच्चों की तुलना औरों के बच्चों से मत कीजिए और न उन्हें उन जैसे बनने को कहिए। इससे उन्हें चिढ़ होती है और वे तनावग्रस्त और दु:खी हो जाते हैं। बच्चों को तुलना की तुला में तौलना उनकी नैसर्गिक प्रतिभा की हत्या करना है।

न कोसें ज़माने को

समय के साथ चलिए। आप इन शब्दों का प्रयोग बार-बार न करें कि हमारे ज़माने में ऐसा होता था। पुरानी पीढ़ी को जिस युग के अनुभव हुए हैं, तब से अब तक ज़माना काफ़ी आगे बढ़ चुका है। अब पुराने रीति-रिवाज़ तथा पुरानी मान्यताओं में से कई अव्यावहारिक हो चुकी हैं। याद रखें, जो आपके ज़माने में होता था, वह आपके दादा के ज़माने में नहीं होता था, इसलिए आज तो हो रहा है, वह आपके ज़माने में नहीं होता था।

समय परिवर्तनशील है। अगर आज समय के साथ नहीं बदलेंगे, तो आप पीछे रह जाएँगे। आज का युवा अपने पुराने अनुभवों से तभी सीख ले सकता है, जब आप अपने अनुभवों को नवीनीकरण करके प्रस्तुत करेंगे।

याद रखें कि आपको कहाँ अभिभावक बनकर केवल देखना है, ध्यान रखना है, मदद करनी है और कहाँ दोस्त बनकर उनकी गतिविधियों में शामिल होकर उनका मार्गदर्शन करना है।

ज़िन्दगी पहले, कैरियर बाद में

अभिभावकों को अपने बच्चों को यह बताना होगा कि उनकी प्राथमिकता बच्चों की ज़िन्दगी है, उनका कैरियर नहीं। वो यह चाहते हैं कि बच्चे जो करें, उसमें ख़ुश रहें और उनके अंक कम भी आएँ या वो कोई परीक्षा पास नहीं कर पाए तो ज़िन्दगी ख़त्म नहीं हो जाएगी। उनके पास कैरिय़र के और भी विकल्प रहेंगे। प्रतिस्पर्धा का तनाव वयस्क झेल सकते हैं, मासूम नहीं। समाज को भी किसी व्यक्ति की सफलता का आकलन उसके अंकों से लगाने की बजाय इस पैमाने से लगाना होगा कि वह व्यक्ति जीवन में कितना ख़ुश रहता है।

विगत कई वर्षों से अभिभावकों, स्कूलों और समाज के दबाव ने बच्चों से उनका बचपन छीन लिया है। बचपन से ही विद्यार्थियों को इतनी कड़ी प्रतिस्पर्धा का सामना करना पड़ रहा है कि वे निराशा, तनाव और अवसाद के शिकार होने लगे हैं। खेलने-कूदने की उम्र में ही उन्हें हर समय यह एहसास कराया जाता है कि उन्हें सर्वश्रेष्ठ रिजल्ट देना है। ज़रा-सी चूक या कम अंक आए तो वे पिछड़ जाएँगे, उनका भविष्य बर्बाद हो जाएगा। सर्वश्रेष्ठ का अहसास कराने के दबाव के कारण बच्चे ग़लत क़दम उठा लेते हैं। अत: अभिभावकों को चाहिए कि वे सर्वश्रेष्ठ का दबाव न डालें।

यह ज़िन्दगी अलग से परीक्षा लेती है

अधिकांश पेरेंट्स यही चाहते हैं कि बस उनका बच्चा हमेशा फर्स्ट ही आए, कोई ग़लती न हो उससे। ग़लती करना तो यूँ मानो कोई बहुत बड़ा पाप कर दिया और इसके लिए वो सब कुछ करते हैं, हमेशा फर्स्ट आने के लिए। फिर ऐसे बच्चे चूँकि पढ़ाकू कुछ ज़्यादा होते हैं सो खेलकूद, घूमना-फिरना, लड़ाई-झगड़ा, मारपीट, ऐसे पंगों का मौका कम मिलता है।

ये दुनिया बड़ी कठोर है और ये ज़िन्दगी अलग से इम्तहान लेती है। आपकी कॉलेज की डिग्री और मार्कशीट से कोई मतलब नहीं उसे। वहाँ कितने नम्बर लिए कोई फ़र्क नहीं पड़ता। ये ज़िन्दगी अपना अलग क्वेश्चन पेपर सेट करती है और सवाल, सब आउट ऑफ़ सिलेबस होते हैं, टेढ़े-मेढ़े, ऊटपटाँग; और रोज़ इम्तहान लेती है, कोई डेट शीट नहीं।

एक अंग्रेजी उपन्यास में एक क़िस्सा पढ़ा था। एक मेमना अपनी माँ से दूर निकल गया। आगे जाकर पहले तो भैंसों के झुंड से घिर गया, उनके पैरों तले कुचले जाने से बचा किसी तरह। अभी थोड़ा ही आगे बढ़ा था कि एक सियार उसकी तरफ़ झपटा। किसी तरह झाड़ियों में घुसके जान बचाई तो सामने से भेड़िये आते दिखे। बहुत देर वहीं झाड़ियों में दुबका रहा, किसी तरह माँ के पास वापस पहुँचा तो बोला, 'माँ, वहाँ तो बहुत ख़तरनाक जंगल है।' इस ख़तरनाक जंगल में ज़िन्दा बचे रहने की ट्रेनिंग बच्चों को अवश्य दीजिए। बच्चों को पढ़ाई के साथ-साथ संस्कार भी देना ज़रूरी है, हर परिस्थिति को ख़ुशी-ख़ुशी धैर्य के साथ झेलने की क्षमता और उससे उबरने का ज्ञान और विवेक बच्चों में होना ज़रूरी है। माता-पिता सफल जीवन के लिए तितिक्षा की शिक्षा अवश्य दें।

पूर्वकाल में व्यवस्था ऐसी बनाई गई थी जिसमें अनिवार्य रूप से छोटे-बड़े बालकों को गुरुकुलों में रहकर पुस्तकीय ज्ञान कम और व्यावहारिक जीवन की कठिनाइयों का पाठ पढ़ाने का क्रम अधिक रखा जाता था। जब तक यह पद्धति चलती रही इस देश में पुरुषार्थी, चरित्रवान, धैर्यवान और प्रतिभाशाली नवयुवकों की कमी नहीं रही, किन्तु जब से कठिन परिस्थितियों में रहकर जीवन बिताने का ह्रास हुआ तब से निर्बल, निस्तेज व्यक्तियों का बाहुल्य होता चला जा रहा है, आत्महत्या करने वालों की संख्या बढ़ती जा रही है।

बेटे की आत्महत्या के लिए हम ही दोषी— डॉक्टर माँ और इंजीनियर पिता की स्वीकारोक्ति

हर माता-पिता बच्चों को सफलता के शिखर पर देखना चाहते हैं। इसी चाहत में अपने सपने मासूम के सिर पर लाद देते हैं; बिना यह जाने कि उसकी क्या इच्छा है। दबाव बढ़ता है तो वही बच्चा ज़िन्दगी ख़त्म करना ही आख़िरी विकल्प मान बैठता है। जवान होते जिस बच्चे के सपनों की अभी दुनिया दौड़नी थी, उसकी अब यादें ही शेष रह जाती हैं।

नोएडा की एक डॉक्टर माँ और इंजीनियर पिता चाहते थे कि उनका बेटा आई.आई.टी. से इंजीनियरिंग करे, जबकि बेटे की इंजीनियर बनने में क़तई रुचि नहीं थी। वह बीटीएस बैंड का बड़ा फैन था। उसका दोस्त भी म्यूज़िक पढ़ने के लिए विदेश गया था। जब उसने म्यूजिक पढ़ने की इच्छा

जताई तो पिता ग़ुस्से में फूट पड़े और उसकी गिटार पटक कर तोड़ दी, 'कहाँ मैंने तुम्हें सबसे अच्छा स्कूल, अच्छी ज़िन्दगी, अच्छा खाना दिया। मैं सिर्फ़ एक चीज़ चाहता हूँ तुम आई.आई.टी. से इंजीनियर बनो।' पिता ने बेटे की इच्छा के विरुद्ध दबाव देकर उसे आई.आई.टी. एंट्रेंस की कोचिंग में प्रवेश दिलाया। कोचिंग के कुछ महीने बाद ही बेटे को एंज़ायटी अटैक आने लगे। वह डिप्रेशन से ग्रस्त होकर गुमसुम रहने लगा, उसने आत्महत्या कर ली।

बच्चों पर अपने सपने या स्टेट्स सिम्बल थोपने वाले परिवारों को इस घटना से सीख लेनी चाहिए। हर बच्चे की अपनी नैसर्गिक प्रतिभा होती है, इच्छाएँ होती हैं, रुचि होती है। आप मार्गदर्शन दे सकते हैं, समझा सकते हैं, लेकिन दबाव न डालें। बार-बार अपने सपनों की दुहाई न दें अन्यथा कोई अप्रिय घटना हो सकती है जिसका पछतावा आपको जीवनपर्यन्त रहेगा।

लेखक उपरोक्त घटना आत्महत्या नहीं 'हत्या' की मानता है। माता-पिता का प्रेशर गले पर नहीं दिमाग पर था। यह प्रेशर किसी मनोविकार ने नहीं, बल्कि आज की सामाजिक, आर्थिक संरचना ने पैदा किया है।

आई.आई.टी. की दीवानगी छोड़, योग्यताएँ देखें इसरो के चन्द्रयान टीम की

हर माता-पिता जो अपने बच्चे को इंजीनियर बनाने का सपना देखते हैं, यदि बच्चा थोड़ा-सा भी पढ़ने में तेज़ है तो उसे आई.आई.टी. में प्रवेश दिलाना चाहते हैं। लोग समझने लगे हैं कि आई.आई.टी. नहीं तो फ्यूचर नहीं। लाखों बच्चे कोटा में दिमाग घिस रहे हैं, जे.ई.ई. की तैयारी में। कुछ अपनी इच्छा से मगर ज़्यादातर माँ-बाप की इच्छा पूर्ति करने के लिए।

लेकिन क्या हर बच्चा इतना प्रेशर ले सकता है? होस्टल में रहकर रात-दिन पढ़ाई का बोझ! 2023 में कोटा में पढ़ने वाले 23 बच्चों ने आत्महत्या कर ली, क्योंकि वे अपने माँ-बाप से कह नहीं पाए, "ये मुझसे नहीं हो पाएगा।"

ऐसे बच्चे भी हैं जो जी-जान लगाकर जे.ई.ई. की परीक्षा देते हैं, मगर उन्हें एडमिशन लायक रैंक नहीं मिल पाती। वो कहीं और बी.टेक. में प्रवेश ले लेते हैं, लेकिन मन में गूँजता है, "मैं आई.आई.टी. नहीं यानी होशियार नहीं।" बच्चों को स्वयं और उनके अभिभावकों को यह सोच मन से निकाल

देनी चाहिए और सीख लेनी चाहिए उन इंजीनियरों से जो आई.आई.टी. नहीं हैं, किसी आम कॉलेज से पढ़े हैं। इसरो की चन्द्रयान टीम में आई.आई.टी. का पढ़ा कोई भी ग्रेजुएट नहीं था।

प्रसिद्ध लेखक मैल्कम ग्लेडवेल ने अपनी पुस्तक द *आउटलाइनर्स* में सक्सेस पर काफ़ी रिसर्च की। कई सफलता प्राप्त व्यक्तियों को परखा। सबमें एक ही बात पाई कि कैरियर बनाने, नाम कमाने, अपने हुनर से दुनिया को समृद्ध करने और अपना जीवन सार्थक करने के लिए अपने हुनर, अपने कौशल को माँजने की, उसे नवोन्मेष करने की और लगातार प्रयास करने की आवश्यकता है। किसी नामी-गिरामी संस्था में पढ़ना या वहाँ से डिग्री प्राप्त करना ज़रूरी नहीं है।

बच्चों को उनके दिल की आवाज़ का अनुसरण न करने देना क्रूरता है

प्रकाश पादुकोण (भारत के पूर्व बैडमिंटन खिलाड़ी) द्वारा अपनी बेटी दीपिका को लिखा पत्र :

दीपिका,

जब अठारह की उम्र में तुमने हमें बताया कि तुम मुम्बई शिफ़्ट होकर मॉडलिंग में कैरियर बनाना चाहती थीं तो हमें लगा तुम अभी इसके लिए बहुत कम उम्र हो, लेकिन अन्त में हमने निर्णय लिया कि तुम्हें अपने दिल की आवाज़ का अनुसरण करने दें, क्योंकि अपने बच्चों को वह करने का अवसर नहीं देना उनके प्रति क्रूर होना है जिसका सपना वे हमेशा से देखते थे। तुम्हारी सफलता ने हमें गौरवान्वित किया, पर अगर तुम कामयाब नहीं होतीं, तो भी तुम्हें यह अफ़सोस नहीं होता कि तुमने कोशिश नहीं की।

मैंने हमेशा यही जाना है कि ज़िन्दगी से हम हमेशा जीत नहीं सकते। हर वो चीज़ जो हम चाहते हैं, हमें मिल नहीं सकती। चीज़ें घटित होती हैं और उन पर हमारा ज़ोर नहीं रहता।

कुछ जीतने के लिए कुछ हारना पड़ता है। जीवन के उतार-चढ़ावों को हमें अंगीकार करना सीखना होता है।

दीपिका, जब तुम हमसे मिलने घर आती हो, तो अपना कमरा ख़ुद जमाती हो, भोजन के बाद मेज़ साफ़ करती हो और अगर घर में मेहमान आएँ हों तो फ़र्श पर सोती हो। शायद तुम्हें कभी-कभी लगता होगा कि हम तुम्हें स्टार की तरह ट्रीट क्यों नहीं करते। इसका कारण यह है कि तुम हमारी बेटी पहले हो और फ़िल्म स्टार बाद में। जो कैमरे हर जगह तुम्हारा पीछा करते हैं, वो एक दिन खो जाएँगे और केवल वास्तविक संसार ही शेष रह जाएगा। कोशिश करना कि अपने आस-पास की इस वास्तविक दुनिया में कुछ सकारात्मकता रच जाना।

बहुत प्यार के साथ,
तुम्हारा पापा

आत्महत्या का अलार्म : न करें अनसुनी

डाटा बताते हैं कि भारत में वर्ष 2021 में कुल 1,64,033 व्यक्तियों ने आत्महत्या की थी, जबकि वर्ष 2022 में यह डाटा बढ़कर 1,79,044 हो गया और 2023 में तो इससे भी अधिक आत्महत्याएँ होने का अनुमान लगाया गया है। इसमें महाराष्ट्र राज्य में सबसे अधिक लोगों ने जीवन के बजाय मौत को गले लगाया था। इसी तरह चैन्नई एकमात्र ऐसा शहर है जहाँ सबसे अधिक लोग आत्महत्या कर लेते हैं। आख़िर ऐसा क़दम लोग क्यों उठाते हैं? ऐसा क्या हो जाता है इन लोगों के जीवन में कि वे ज़िन्दा रहने की बज़ाय मर जाने में ही ख़ैर समझते हैं।

जो लोग कभी डिप्रेशन की तीव्रता से उत्पन्न आत्महनन प्रवृत्तियों में नहीं घिरे उन्हें यह समझने में बहुत कठिनाई हो सकती है, क्यों इतने सारे लोग स्वयं ही अपनी जीवनलीला समाप्त कर बैठते हैं?

दरअसल, आत्महत्या करने वाला व्यक्ति इतनी परेशानी में होता है कि उसे कोई दूसरा विकल्प ही नहीं सूझता है। अपने आपको कोसने की अन्धी हताशा और अकेलेपन के चलते आत्महत्या करने वाला सिवाय मरने के किसी दूसरे विकल्प में राहत नहीं पाता। अपने दर्द से छुटकारा पाने की तीव्र आकांक्षा होने के बावजूद आत्महत्या करने वाला अपने मरण को लेकर काफ़ी उलझन में रहता है। वो आशा करता है कि कहीं कोई विकल्प तो हो, लेकिन उसे कुछ दिखाई नहीं देता।

आत्महत्या करने वाली मनोदशा एवं उसकी प्रवृत्ति का मापन

आत्महत्या या आत्महनन की ओर क़दम बढ़ाने वाला व्यक्ति कैसी मानसिक दशा से गुज़रता रहा है, उसका सोच-विचार और व्यवहार कैसा रहता है, उसके मस्तिष्क में क्या उथल-पुथल मची रहती है, उसमें कैसे परिवर्तन दृष्टिगोचर हो रहे होते हैं, यह सब इसलिए जानना ज़रूरी है जिससे यह जाना जा सके कि व्यक्ति विशेष में आत्महत्या की प्रवृत्ति किस सीमा तक है ताकि समय रहते उसे आत्महत्या करने से रोका जा सके। इसे मापने के लिए 20 बिन्दुओं का एक पैरामीटर दिया जा रहा है जो मोटे तौर पर यह माप सकेगा कि व्यक्ति कितना सुसाइडल है।

आत्महत्या की प्रवृत्ति (लक्षण) मापने के बिन्दु

- मैं अनुभव करता हूँ कि मेरी ज़िन्दगी दिनों-दिन बद से बदतर होती जा रही है और सोचता हूँ कि आत्महत्या से मेरी सभी समस्याएँ सुलझ जाएँगी।
- जब मेरे सामने कोई समस्या खड़ी हो जाती है तो उसके समाधान में बहुत कठिनाई महसूस करता हूँ।
- अकसर मैं सोचता हूँ कि जिन कार्यों में संलग्न हूँ उन्हें पूरा नहीं कर पाऊँगा।
- मुझे ऐसा महसूस होता है कि सभी लोग मुझे नुकसान पहुँचाने के लिए षड्यंत्र रच रहे हैं।
- मैंने आत्महत्या करने का कारगर तरीक़ा सोच लिया है।
- आत्महत्या करने की बात मैंने उजागर कर दी है।
- मैंने सुसाइड नोट लिखने की शुरुआत कर दी है या नाम, पते, मैटर सहित पूरा लिख दिया है।
- यदि मैं निर्धारित समय पर सुसाइड करता हूँ तो मुझे विश्वास है कि ऐसी स्थिति में कोई मुझे नहीं रोकेगा।
- मैं पहले की अपेक्षा अब मृत्यु/आत्महत्या के बारे में ज़्यादा बातें करने लगा हूँ और यह सोचने लगा कि इससे तो अच्छा होता कि मैं पैदा ही ना हुआ होता।

- अधिकांश समय में अपने आपको अकेला अनुभव करता हूँ।
- मैं अपने आपको निराश अनुभव करता हूँ और स्वयं को हानि पहुँचाने की सोचता हूँ।
- आत्महत्या करने से यदि मेरी समस्याएँ सुलझ जाती हैं तो मुझे आश्चर्य होगा।
- पिछले समय में कई बार आत्महत्या करने की कोशिश कर चुका हूँ।
- अकसर मैं अपने जीवन के प्रति दु:खी अनुभव करता हूँ।
- कठिन परिस्थिति में अपने आपको दुर्बल विचारों से घिरा पाता हूँ।
- मैं अपने स्वास्थ्य के प्रति पूरी तरह से उदासीन हूँ, दवाइयाँ लेने या किसी प्रकार के मेडिकल टेस्ट करवाने को टालता रहता हूँ।
- मैं ज़िन्दगी भुनभुनाते हुए 'आह' के साथ जी रहा हूँ।
- यदि मैं व्यक्तिगत डायरी लिखता हूँ या कविता करता हूँ तो उसमें निराशाजनक बातें और मृत्यु या आत्महत्या की चर्चा करता हूँ।
- अकसर मैं अपने आपको पहले की अपेक्षा अधिक असफल मानने लगा हूँ।
- अब मेरा कोई भला नहीं हो सकेगा, मैं समाज पर या परिवार पर बोझ हूँ। बोझ जितनी ज़ल्दी हट जाए उतना अच्छा।

आप या अन्य व्यक्ति पर उपरोक्त अंकित 20 बातों में से कितनी बातें लागू हो रही हैं। इसके आधार पर ही व्यक्ति की आत्महत्या की प्रवृत्ति (सुसाइडालिटी) होने का एक मोटा माप निम्नानुसार हो सकता है :

0 से 7 तक — आत्महत्या की प्रवृत्ति की अनुपस्थिति यानी आत्महत्या का अलार्म नहीं

8 से 13 तक — औसत प्रवृत्ति यानी आत्महत्या का अलार्म सामान्य

14 से 20 तक — आत्महत्या की प्रवृत्ति अधिकतम यानी आत्महत्या अलार्म की तीव्रतम आवाज़ (Alarming Bell)

अपने क्रियाकलापों से अपनों को चेतावनी

आत्महत्या की प्रवृत्ति (लक्षण) मापने के उपरोक्त बिन्दु दिये गए हैं, इनके अलावा जो लोग आत्महत्या करते हैं वे हमेशा अपने साथ वालों को इसकी चेतावनी अपने क्रियाकलापों से देते हैं, इसलिए उन पर भी ध्यान देना चाहिए। उदाहरणार्थ वे कहते पाए जाते हैं कि 'देख लेना जब मैं चला जाऊँगा तुम बहुत पछताओगे।' या वे बड़ी मासूमियत से पूछते हैं, 'मर जाने के बाद इनसान कहाँ जाता है? या कि मर जाऊँगा तो माँ को बहुत याद आऊँगा न।'

आत्महत्या करने को उद्यत लोग अकसर इसी तरह के प्रश्न अपने क़रीबियों से पूछते रहते हैं। इसलिए चाहे जितना भी मज़ाक़ में अथवा कैजुअली इसी तरह मौत सम्बन्धी बातें की जा रही हों तो उन्हें मज़ाक़ में नहीं लेना चाहिए। याद रखें कि इस तरह के वाक्यों का प्रयोग वही लोग करते हैं जो आत्महत्या की अन्दर-ही-अन्दर गम्भीर तैयारियाँ कर चुके हैं।

गहन अवसाद से एकाएक निकलकर शान्त हो जाना या ख़ुशियाँ ज़ाहिर करने लगना, बहुत ही गम्भीर हो जाना, ऐसा करने वाला अपनी आत्महत्या की योजना बना चुका है।

भारत में आत्महत्या, डिप्रेशन, तनाव आदि में मददगार संस्थाएँ

भारत में कई संस्थाएँ मौजूद है जो आत्महत्या, डिप्रेशन, फोबिया, रिश्तों में तनाव, मनोवैज्ञानिक विकार आदि से परेशान व्यक्ति की मदद कर रही हैं। यदि आपके आस-पास ऐसे लोग मौजूद हैं तो सिर्फ़ एक फ़ोन कॉल से उनकी मदद कर सकते हैं :

- वंद्रेवाला फाउंडेशन, हेल्पलाइन नम्बर 1860 266 2345, समय 24×7
- जीवन आस्था हेल्पलाइन (गुजरात), हेल्पलाइन नम्बर 1800 233 3330, समय 24×7
- रोशनी फाउंडेशन (हैदराबाद), हेल्पलाइन नम्बर +914066202000, समय सुबह 11 बजे से रात 9 बजे तक, सोमवार से शनिवार तक

- आसरा (महाराष्ट्र), हेल्पलाइन नम्बर 91-9820466726, समय 24×7
- मेडिकल एडवाइस एंड हेल्पलाइन (राजस्थान), हेल्पलाइन नम्बर 104, समय 24×7
- एनजीओ स्पंदन (मध्यप्रदेश), हेल्पलाइन नम्बर +919630899002, +917389366696, समय 24×7

सुसाइड नोट : अनकही पीड़ा की अभिव्यक्ति

कोई व्यक्ति, महिला, पुरुष, युवा, सभी किसी कारणवश अपनी जीवनलीला समाप्त करने से पहले अपने प्रियजनों के नाम चिट्ठी लिखते हैं, जिसमें आत्महत्या के कारण, भावी सम्भावना व्यक्त करना, परिवार को किसी अप्रिय घटना से अवगत कराना आदि शामिल हैं। आत्महत्या पत्र/सुसाइड नोट घोर निराशा में लिखा जाता है जिसे हम डिप्रेशन का विकृत रूप कह सकते हैं।

सुसाइड नोट या आत्महत्या सन्देश किसी भी रूप में या माध्यम में हो सकता है, लेकिन आम तौर पर एक लिखित नोट, एक ऑडियो सन्देश या वीडियो होता है।

कई सुसाइड नोट केवल एक लाइन के होते हैं और कई में व्यक्ति लम्बी कहानी में, अपनी पीड़ा अभिव्यक्त करते हैं।

हर सुसाइड नोट कुछ कहता है

एक्सपर्ट सुसाइड नोट की थीम का एनालिसिस करते हैं, इससे उसकी गहराई समझी जा सकती है जैसे, किसी ने माफ़ी माँगी, सफ़ाई दी, ग़लती को नकारा या अपराध बोध में आत्महत्या की है। सुसाइड नोट में कोई, किसी को ज़िम्मेदार ठहराता है तो कोई, किसी को ज़िम्मेदार नहीं मानता। कुछ अन्तिम इच्छा भी व्यक्त करते हैं।

सुसाइड ही एक सबसे श्रेष्ठ रास्ता था

एक बहुत ब्रिलियंट लड़का था, सारी ज़िन्दगी फर्स्ट आया, साइंस में हमेशा 100 प्रतिशत स्कोर किया। अब ऐसे लड़के आमतौर पर इंजीनियर बनने चले जाते हैं, सो उसका भी सिलेक्शन आई.आई.टी. चैन्नई में हो गया। वहाँ से बी.टेक किया और वहाँ से आगे पढ़ने अमेरिका चला गया और यूनिवर्सिटी ऑफ़ कैलिफोर्निया से एम.बी.ए. किया।

अब इतना पढ़ने के बाद तो वहाँ अच्छी नौकरी मिल ही जाती है। उसने वहाँ भी हमेशा टॉप ही किया, वहीं नौकरी करने लगा। 5 बेडरूम का घर उसके पास था। शादी भी चैन्नई की ही एक बेहद ख़ूबसूरत लड़की से हुई।

एक आदमी और क्या माँग सकता है, अपने जीवन में? पढ़-लिख के इंजीनियर बन गए, अमेरिका में सेटल हो गए, मोटी तनख़्वाह की नौकरी, बीवी-बच्चे, सुख ही सुख, लेकिन दुर्भाग्यवश आज से आठ साल पहले उसने वहीं अमेरिका में, सपरिवार आत्महत्या कर ली। अपनी पत्नी और बच्चों को गोली मार कर ख़ुद को भी गोली मार ली। What Went Wrong? आख़िर ऐसा क्या हुआ, गड़बड़ कहाँ हुई? ये क़दम उठाने से पहले उसने बाकायदा अपनी पत्नी से चर्चा की, फिर एक लम्बा सुसाइड नोट लिखा और उसमें बाक़ायदा अपने इस क़दम को औचित्य सिद्ध (Justify) किया और यहाँ तक लिखा कि यही सबसे श्रेष्ठ रास्ता था। इन परिस्थितियों में उनके इस केस को और उस सुसाइड नोट को कैलीफोर्निया इंस्टीट्यूट ऑफ़ क्लीनिकल साइकोलॉजी ने What went wrong? जानने के लिए स्टडी किया। पहले कारण क्या था, सुसाइड नोट से और मित्रों से पता किया। अमेरिका की आर्थिक मन्दी में उसकी नौकरी चली गई। बहुत दिन खाली बैठे रहे। नौकरियाँ ढूँढ़ते रहे फिर अपनी तनख़्वाह कम करते गए और फिर भी जब नौकरी न मिली, मकान की क़िश्त जब टूट गयी, तो सड़क पर आने की नौबत आ गयी। कुछ दिन किसी पेट्रोल पम्प पर तेल भरा बताते हैं। साल भर ये बर्दाश्त किया और फिर पति-पत्नी ने अन्त में ख़ुदकुशी कर ली।

इस केस स्टडी को ऐसे कनक्लूड किया है एक्सपर्ट ने : This man was programmed for success but be he was not trained, how to handle failure. यह व्यक्ति सफलता के लिए तैयार था, पर इसे जीवन में ये नहीं सिखाया गया कि असफलता का सामना कैसे किया जाए।

कोटा में आत्महत्या करने वाली छात्रा कृति

कृति ने अपने सुसाइड नोट में लिखा :

मैं भारत सरकार और मानव संसाधन मंत्रालय से कहना चाहती हूँ कि अगर वो चाहते हैं कि कोई बच्चा न मरे तो जितनी ज़ल्दी हो सके इन कोचिंग संस्थानों को बन्द करवा दें। ये कोचिंग छात्रों को खोखला कर देते हैं। पढ़ने का इतना दबाव होता है कि बच्चे बोझ तले दब जाते हैं।

कृति ने लिखा है :

मैं कोटा में कई छात्रों को डिप्रेशन और स्ट्रेस से बाहर निकालकर सुसाइड करने से रोकने में सफल हुई, लेकिन ख़ुद को नहीं रोक सकी। बहुत लोगों को विश्वास नहीं होगा कि मेरे जैसी लड़की जिसके 90+ मार्क्स हों वो सुसाइड भी कर सकती है, लेकिन मैं आप लोगों को समझा नहीं सकती कि मेरे दिमाग़ और दिल में कितनी नफ़रत भरी है।

अपनी माँ के लिए उसने लिखा :

आपने मेरे बचपन और बच्चा होने का फ़ायदा उठाया और मुझे विज्ञान पसन्द करने के लिए मजबूर करती रहीं। मैं भी विज्ञान पढ़ती रही ताकि आपको ख़ुश रख सकूँ। मैं क्वांटम फिजिक्स और एस्ट्रोफिजिक्स जैसे विषयों को पसन्द करने लगी और उसमें ही बी.एससी. करना चाहती थी, लेकिन मैं आपको बता दूँ कि मुझे आज भी अंग्रेज़ी साहित्य और इतिहास बहुत अच्छा लगता है, क्योंकि ये मुझे मेरे अन्धकार के वक़्त मुझे बाहर निकालते हैं।

कृति अपनी माँ को चेतावनी देती है कि :

इस तरह की चालाकी और मजबूर करने वाली हरकत 11वीं क्लास में पढ़ने वाली छोटी बहन से मत करना,

वो जो बनना चाहती है और जो पढ़ना चाहती है उसे वो करने देना, क्योंकि वो उस काम में सबसे अच्छा कर सकती है, जिससे वो प्यार करती है।

इसको पढ़कर मेरा मन भी विचलित हो गया कि इस होड़महोड़ में हम अपने बच्चों के सपनों को छीन रहे हैं। आज हम लोग अपने परिवारों से प्रतिस्पर्धा करने लगे हैं कि फलाँ का बेटा-बेटी डॉक्टर बन गया, हमें भी डॉक्टर बनना है। फलाँ की बेटी-बेटा सीकर/कोटा हॉस्टल में हैं तो हम भी वहीं पढ़ाएँगे, चाहे उस बच्चे के सपने कुछ भी हों...हम उन्हें अपने सपने थोप रहे हैं।

आज हमारे स्कूल (कोचिंग संस्थान) बच्चों को पारिवारिक रिश्तों का महत्त्व नहीं सिखा पा रहे, उन्होंने असफलताओं या समस्याओं से लड़ना नहीं सिखाया। उनके ज़हन में सिर्फ़ एक-दूसरे से प्रतिस्पर्धा के भाव भरे जा रहे हैं जो ज़हर बनकर उनकी ज़िन्दगियाँ लील रहे हैं। जो कमज़ोर है, वो आत्महत्या कर रहा है; जो थोड़ा मजबूत है वो नशे की ओर बढ़ रहा है।

जब हमारे बच्चे असफलताओं से टूट जाते हैं तो उन्हें ये पता ही नहीं है कि इससे कैसे निपटा जाए। उनका कोमल हृदय इस नाकामी से टूट जाता है, इसी वज़ह से आत्महत्या बढ़ रही है।

अभिभावकों से निवेदन है कि आप अपने बच्चों की असफलता को उनकी कमज़ोरी मत बनने देवें। ज़िन्दगी बहुत क़ीमती है, जिसमें पढ़ाई-लिखाई, जीविकोपार्जन के लिए मात्र 10 प्रतिशत रोल निभाती है। मेरा सभी धर्मगुरुओं से, मीडिया बन्धुओं से, अधिकारियों से, जननेताओं से, अभिनेताओं से, व्यापारी, उद्योगपति, शिक्षक, आम आदमी से विनती है, करबद्ध प्रार्थना है कि रोज़ाना अपने आचरण में एक बार इस विषय पर चर्चा अवश्य करें कि हम, किसी को भी आत्महत्या न करने के लिए संकल्पित करें। विकराल रूप धारण कर लिया है इस समस्या ने।

आठ वर्ष की लड़की इमानी

फ्लोरेडो में रहने वाली आठ साल की लड़की ने एक क़िताब पढ़ने के बाद सुसाइड कर लिया। इमानी मेकरे आत्महत्या करने से पहले अपने कमरे

में क़िताब पढ़ रही थी। उसे दो हफ्तों तक यूनिवर्सिटी हॉस्पिटल, नेवार्क में बचाने की कोशिशें की गईं, लेकिन वह नहीं बच पाई। आख़िर क्या थी इमानी के सुसाइड की वज़ह?

इमानी दस साल के बच्चे अश्वन्थी डेविस की स्टोरी पढ़ रही थी। इस कहानी में अश्वन्थी फाँसी लगाकर आत्महत्या कर लेता है। उसी की नक़ल करते हुए इमानी ने सुसाइड किया। इमानी की मौत के अगले हफ्ते उसका बर्थडे था, लेकिन इससे पहले ही वे इस दुनिया से चली गई। इमानी के पिता को इस बात का दु:ख है कि इतनी कम उम्र में लाइफ़ को एंजॉय करने के बज़ाय उसने आत्महत्या कर ली। इमानी की माँ कहती है, 'मेरी बच्ची हमेशा डरी-सहमी रहती थी। मैंने उसका डरा हुआ चेहरा देखा है।'

इमानी की डरने की क्या थी वज़ह

इमानी की तरह अश्वन्थी भी, ऐसा ही एक बच्चा था जिसे स्कूल में दोस्त परेशान करते थे। आख़िर दस साल के इस बच्चे ने आत्महत्या कर ज़िन्दगी ख़त्म कर ली। इमानी के पेरेंट्स हैरिस और डेविस का कहना है कि अगर आपका बच्चा स्कूल से आकर दु:खी रहता है तो इसकी वज़ह जानने की कोशिश करें। कई बार पेरेंट्स इन बातों पर ध्यान नहीं देते और इसके भयावह परिणाम सामने आते हैं।

मैंने शाही ज़िन्दगी जी, पर परिवार के लिए कुछ नहीं कर पाया

उज्जैन (म.प्र.) निवासी कमलेश पिता वासुदेव कलवानी ने रात को कार में ज़हर खा लिया। पुलिसकर्मियों ने गश्त के दौरान चालू हालत में कार देख क़रीब जाकर देखा तो अन्दर से युवक बेसुध मिला। अस्पताल पहुँचाने पर उसे डॉक्टरों ने मृत घोषित कर दिया। उसने सुसाइड नोट में लिखा था : 'मैंने शाही ज़िन्दगी जी, पर परिवार के लिए कुछ नहीं कर पाया। मैं अपनी मौत का ज़िम्मेदार ख़ुद हूँ। हो सके तो मुझे माफ़ कर देना।'

प्रेमी के घर जाकर फाँसी लगा ली

शादी करने से मना किया तो युवती ने प्रेमी के घर जाकर फाँसी लगा ली। इन्दौर की 21 वर्षीया अंकिता यादव की आत्महत्या के मामले में पुलिस ने उसके प्रेमी सुमित और उसके दोस्त विशाल पर केस दर्ज़ किया है। पुलिस ने बताया कि अंकिता और सुमित के बीच तीन साल से प्रेम सम्बन्ध था। अंकिता उससे शादी करना चाहती थी, लेकिन उसने शादी से मना कर दिया। इससे अंकिता डिप्रेशन में आ गई। वह सुमित के घर गई। वहाँ छत पर लगी लोहे की सीढ़ी में फन्दा लगाकर फाँसी लगा ली।

आत्महत्या से पहले मोबाइल पर वीडियो बनाकर स्टेटस डाला

मक्सी (म.प्र.) निवासी दोना-पत्तल बनाने वाले 65 वर्षीय तूफानसिंह ने प्रातःकालीन समय में फाँसी लगा ली। आत्महत्या से पहले वृद्ध ने मोबाइल पर वीडियो बनाने के बाद उसे स्टेटस पर शेयर किया। सुसाइड नोट भी लिखा। इसमें दूसरी पत्नी सीमा व उसके मिलने वाले युवकों को ज़िम्मेदार ठहराया।

वाट्सएप पर स्टेटस लगा, युवक ने ज़हर खाया

दौलतपुर घट्टिया थाना क्षेत्र के रहने वाले युवक ने ज़हर खा लिया। मालीखेड़ी रोड पर वह गम्भीर हालत में पड़ा मिला। उपचार के दौरान उसकी मौत हो गई। युवक ने वाट्सएप पर स्टेटस लगाया था कि अपनी मर्ज़ी से ज़हर खा रहा हूँ।

काम के बोझ के कारण अवसाद में रहते हुए आत्महत्या

भोपाल में गांधी मेडिकल कॉलेज में जूनियर डॉक्टर 24 वर्षीया आकांक्षा माहेश्वरी का शव हॉस्टल के एक कमरे में मिला। पुलिस को मौक़े से पाँच खाली इंजेक्शन मिले और सीरिंज मिली। ये इंजेक्शन वह एनेस्थीसिया डिपार्टमेंट से लाई थी। पुलिस मान रही थी कि आकांक्षा ने इन्हीं इंजेक्शनों से आत्महत्या की है। मौके पर एक सुसाइड नोट भी मिला जिसमें आकांक्षा ने लिखा है :

Sorry Mummy-Papa for taking the extreme step.

यह कहा जा रहा है कि वह काम के बोझ के कारण अवसाद में थी जिसे वह बर्दाश्त नहीं कर सकी।

हाथ-पैर पर लिखा, सुसाइड नोट

शिवपुरी (म.प्र.) के दिनारा थाने में पदस्थ होमगार्ड सैनिक कमलेश शर्मा (55) का शव घर के पीछे पेड़ पर फाँसी के फन्दे पर लटका मिला। उनके हाथ व पेट पर उनके दो भाइयों व भाभी के नाम लिखे हुए थे जिनसे तंग आकर कमलेश ने सुसाइड किया। हाथ पर लिखा कि ये बहुत दिनों से प्रताड़ित कर रहे थे।

ब्रेकअप के कारण किया सुसाइड

दो साल से मैं मरना चाह रहा था। मरने से पहले मैं अपनी माँ को दुःख से आज़ाद करना चाहता हूँ। मैंने बाइक की केबल से माँ का गला घोंटा, ताकि माँ को तकलीफ न हो... माँ के शव को देख नहीं सकता। उनके चेहरे को गंगाजल से नहलाया है...माँ की मौत को 71 घंटे हो चुके हैं। अब मेरी सुसाइड करने की बारी है...

बाद में पता चला कि शायद उसका ब्रेकअप हुआ था। घर में उसने किसी को कुछ नहीं बताया। कुछ वक़्त बाद उसकी फ्रेंड से पता चला कि उसने बार नदी में कूदकर जान देने की कोशिश भी की थी।

77 पेजों का यह सुसाइड नोट दिल्ली के 25 वर्षीय क्षितिज ने लिखा। बाद में उसने भी ख़ुद का गला काटकर जान दे दी। घटना 4 सितम्बर, 2022 की है।

आर्थिक-सामाजिक रूप से विफल रहा हूँ

भोपाल के नारियलखेड़ा संजीवनी अस्पताल में पदस्थ डॉक्टर ने फाँसी लगाकर अपनी जीवनलीला समाप्त कर ली। पुलिस को उसके पास से एक सुसाइड नोट मिला। इसमें उन्होंने लिखा :

> *मैं, आर्थिक-सामाजिक रूप से विफल रहा हूँ। अपनी मौत के लिए मैं ख़ुद ज़िम्मेदार हूँ। किसी को परेशान न किया जाए।*

पुराने नारियल निवासी 56 वर्षीय डॉक्टर राकेश कुमार मनहर अपने तीन भाइयों और उनके परिवार के साथ एक ही मकान में रहते थे। इन दिनों वे नारियलखेड़ा संजीवनी हॉस्पिटल में पदस्थ थे।

विधायक के बेटे ने कनपटी पर गोली मार आत्महत्या की

जबलपुर के बरगी विधानसभा सीट से विधायक संजय यादव के 17 वर्षीय बेटे विभु यादव ने अपनी अपने पिता की लाइसेंसी रिवॉल्वर से ख़ुद की कनपटी पर गोली मार ली। मरणासन्न अवस्था में उसे अस्पताल ले जाया गया, जहाँ चिकित्सकों ने उसे मृत घोषित किया। आत्महत्या के पूर्व उसने अंग्रेज़ी में लिखा हुआ पाँच पन्ने का सुसाइड नोट छोड़ा। उसमें लिखा कि मम्मी-पापा बहुत अच्छे हैं। कोई दोस्त बुला रहा है।

आज मेरी मौत का दिन है

भोपाल (म.प्र.) में बैरागढ़ केन्द्रीय विद्यालय के 12वीं कक्षा के छात्र प्रणव पिता रमेश भोले ने घर से लगभग 13 किलोमीटर दूर जाकर ट्रेन से कटकर जान दे दी। वह ट्यूशन पढ़ने के लिए कहकर घर से निकला था और भोपाल रेलवे स्टेशन के पास ख़ुदकुशी कर ली, उसकी परीक्षा शुरू होने वाली थी। उसने सोशल मीडिया पर अंग्रेज़ी भाषा में पाँच पोस्ट कीं। इनमें से एक में उसने लिखा था :

आज मेरी मौत का दिन है। मैं ऐसी लड़ाई पर जा रहा हूँ, जहाँ सरवाइविंग का कोई मौक़ा नहीं है। फिर भी हम जीतेंगे।

इसमें उसने माँ और पिता को लेकर अपने ख़याल का ज़िक्र किया है।

मैं नकारा हूँ, घर में ख़ुद को बोझ समझ रहा हूँ : प्रसन्न श्रीवास्तव

उज्जैन (म.प्र.) के प्रद्युम्न श्रीवास्तव, एम.टेक. पास छात्र ने आत्महत्या कर ली। वह तीन पेज का सुसाइड नोट लिखकर घर से लापता हो गया। पत्र में लिखा :

मैंने इतनी मेहनत की, पढ़ाई की, इसके बावजूद कुछ नहीं कर पा रहा हूँ। ऐसा लगता है जैसे मैं नकारा हूँ व घर में ख़ुद को बोझ समझ रहा हूँ। वाईफाई तक बहन का यूज़ करता हूँ। अभी तक मैं सक्सेस नहीं हो पाया हूँ, इसलिए सॉरी, मुझे माफ़ कर देना। बहन को अन्तिम मैसेज भी भेजा है कि मुझे ढूँढ़ना मत।

अनकही पीड़ा की अभिव्यक्ति : सुसाइड नोट

सुसाइड नोट यानी व्यक्ति द्वारा मृत्यु के पूर्व लिखा गया अन्तिम पत्र। कुछ चुनिन्दा सुसाइड नोट देने के बारे में लेखक का मुख्य उद्देश्य है कि मृत्यु से पूर्व मनुष्य की मन:स्थिति को जाना जा सके, जिसका विश्लेषण अन्य व्यक्तियों को सुसाइड करने से रोकने में मददगार हो सके।

सुसाइड नोट में व्यक्ति अपनी पीड़ा, कुंठा, तनाव, हताशा, निराशा, डर, कर्ज़ा आदि समस्याओं का ज़िक्र करता है। वह यह बताने का प्रयास करता है कि वह जिन परिस्थितियों के अधीन यह कर रहा है, उसका कोई समाधान या अन्य उपाय नहीं है, इसलिए वह सुसाइड नोट में अपने कार्य को सही ठहराता है और ज़िम्मेदार परिस्थिति या कुछ लोगों को बताता है।

लेखक का मानना है कि आत्महत्या करने वाला कितना ही अच्छा मार्मिक सुसाइड नोट लिखे, उसकी भाषा कितनी भी अलंकृत हो, परिस्थितियों

को दोषी बताएँ, अपने आश्रितों का ख़याल रखने की अपील करें, अपने कृत्य के लिए माफ़ी माँगें, लेकिन यह ग़लती माफ़ी योग्य नहीं है। आख़िर सुसाइड नोट तो सुसाइड है। ईश्वर द्वारा प्रदत्त जीवन समाप्त करने का अधिकार सिर्फ़ ईश्वर को ही है, मानव यदि यह कृत्य करता है तो वह ईश्वर के प्रति अविश्वास व्यक्त करता है।

कितना भी अच्छा सुसाइड नोट लिखा हो, व्यक्ति की मृत्यु के बाद उसका कोई मूल्य (वैल्यू) नहीं है, वह क़ाग़ज़ का एक टुकड़ा मात्र है जो पुलिस के लिए इनवेस्टिगेशन में मदद करेगा और परिवारजनों को दु:ख का अनुभव कराता रहेगा।

लेखक का मत है कि आत्महत्या करने वाले का साक्षात्कार तो नहीं लिया जा सकता, लेकिन कुछेक सुसाइड नोट्स के विश्लेषण से समस्याओं को जानकर परिवार और समाज सचेत हो सकते हैं और सुसाइड की इच्छा रखने वाले या प्रयास करने वाले लोगों को सुसाइड से बचा सकते हैं।

समस्या है, तो समाधान भी है, आत्महत्या विकल्प नहीं

कोई व्यक्ति जब भी आत्महत्या जैसा दुखद क़दम उठाता है, तो वह बहुत ही अवसादपूर्ण स्थिति में होता है। स्वयं को वह असहाय पाता है। अपनी परिस्थितियों का मुकाबला कर पाने और उससे निकल पाने में स्वयं को असमर्थ समझता है। उसकी मानसिक वेदना इतनी बढ़ जाती है कि साँस का बोझ एक पल को भी ढोते नहीं बन पड़ता और आत्महत्या करने में ही अपनी भलाई समझ लेता है।

पुस्तक के इस अध्याय में उन कारणों, घटनाओं और परिस्थितियों से सम्बन्धित प्रकरण दिये जा रहे हैं, जिनकी वज़ह से व्यक्ति आत्महत्या करना चाह रहा है या आत्महत्या करने जा रहा है।

ध्यान रहे, परिस्थिति कैसी भी हो, कितनी भी कष्टपूर्ण, दुखद या वेदनायुक्त क्यों न हो, उससे छुटकारा या मुक्ति पाने का विकल्प आत्महत्या क़तई नहीं है। आत्महत्या करना तो महापाप है, कायरता है, मूर्खता है और बुज़दिली है। अतः जिस समस्या से पीड़ित होकर व्यक्ति आत्महत्या करने जा रहा है उस समस्या का समाधान या हल भी सुझाया जा रहा है ताकि व्यक्ति ग़लत क़दम उठाने से बच सके। समस्याओं के सन्दर्भ में निम्न कथन को पुनः दोहराया जा रहा है :

> *पृथ्वी पर कोई भी व्यक्ति ऐसा नहीं है, जिसकी कोई समस्या न हो और पृथ्वी पर कोई समस्या ऐसी नहीं है, जिसका कोई समाधान ना हो।*

गणित हमें यही सिखाता है कि हर समस्या का कोई-न-कोई समाधान अवश्य है। समस्या को यदि हम ताला मानें तो कह सकते हैं कि अगर ताला है तो उसे खोलने की चाबी भी होगी। जॉन बेज ने कहा था कि :

> *जब तक आप ढूँढ़ते रहेंगे, समाधान मिलते रहेंगे, किन्तु सबसे बड़ी समस्या तो यही है कि समस्या से ही बौखला जाना, उसे लेकर पूर्वाग्रह पाल लेना, उसे न सुलझने वाली मान लेना।*

समस्याएँ और समाधान

प्रकरण-1 : शर्मिन्दगी और आत्मग्लानि के कारण टूट चुकी हूँ

मैं, एक बार तो आत्महत्या करने का प्रयास कर चुकी हूँ, लेकिन वह असफल रहा। अब फिर से करने जा रही हूँ। आख़िर क्यों न करूँ, अब क्या बचा है मेरे जीवन में? सब कुछ तो लुट गया है।

यूपीएससी की कोचिंग से लौटकर पैदल अपने घर की ओर जा रही थी, सन्ध्या का समय था, रास्ता भी सुनसान था। अचानक मेरे बगल से एक कार रुकी, मैं कुछ समझ पाती, इसके पहले ही दो लोगों ने मुझे पकड़ा और कार के अन्दर कर दिया। मेरे साथ तीन लोगों ने बलात्कार किया। उस समय मेरे बोलने, चिल्लाने और हाथ-पैर चलाने एवं सोचने की शक्ति ही नहीं रही। इसके बाद वे मुझे एक जगह छोड़कर चले गए। एक महिला की सहायता से मैं घर पहुँची।

मेरे साथ जो हुआ उसकी शर्मिन्दगी और आत्मग्लानि के कारण मैं पूरी तरह टूट चुकी हूँ। मैं जीवन में सिर उठाने लायक़ नहीं बची। अब तो एकमात्र विकल्प है, आत्महत्या।

ज़रा सोचिए—आत्महत्या विकल्प नहीं

आपके साथ जो हुआ उसका प्रभाव शारीरिक चोटों से कहीं आगे तक जाता है। रेप हो जाने के बाद दुनिया एक असुरक्षित स्थान लगती है। सभी से विश्वास उठ जाता है। यहाँ तक कि स्वयं अपने पर भी भरोसा उठ जाता है। सच बात तो यह है कि आपके विश्वास का हनन हुआ है।

आपके लिए यह उचित होगा कि आप अपनी किसी विश्वासपात्र सहेली से खुलकर बात करें। यदि आप खुलकर बात नहीं करेंगी तब तक आप मानसिक रूप से आज़ाद भी नहीं हो पाएँगी। यदि आप कोई हमदर्द सहेली या व्यक्ति नहीं ढूँढ़ पाएँ तो फिर थेरेपिस्ट से बात करनी चाहिए।

आप ख़ुद को अकेला न समझें और गुनहगार भी न मानें, जो हुआ उसमें आपकी ग़लती कहाँ है? रेप के बाद ज़िन्दगी का अन्त नहीं होता, बस उससे उभरने के लिए साहस और वक़्त लगता है।

किसी शायर ने क्या ख़ूब कहा है :

मुझे पतझड़ की कहानियाँ सुना के
उदास न कर ये ज़िन्दगी!
नए मौसम का पता बता,
जो गुज़र गया वो गुज़र गया।

प्रकरण-02 : कष्टपूर्ण विकट स्थिति : छुटकारा पाने का एक ही रास्ता—आत्महत्या

मैं बेकार हूँ। घर पर मेरा फूल-सा नन्हा-मुन्ना भूख से कुलबुला रहा है। मेरी पत्नी और जवान बहन भूख में न जाने क्या पाप कर बैठें, इसका कोई भरोसा नहीं है। बहन के हाथ पीले करने के लिए एक कौड़ी भी मेरे पास नहीं है, फ़ाका और फ़ाका। मेरी प्राण प्यारी पत्नी तो पेट पालने के लिए अपनी अस्मत तक बेचने पर राज़ी हो गई। ऐसी कष्टपूर्ण विकट स्थिति से छुटकारा पाने का केवल एक ही रास्ता है—आत्महत्या।

ज़रा रुकिए—विचार कीजिए

जब तक आपको कोई स्थायी काम नहीं मिल जाता, तब तक दूसरा कोई काम ढूँढ़ा जा सकता है। आप मज़दूरी कर सकते हैं। हाथ ठेला लगाकर सामान बेच सकते हैं। चाट, पकौड़ी और पानी-पूरी का ठेला लगाया जा सकता है, फेरी लगाकर कपड़ा तथा अन्य सामान बेचने का कार्य किया जा सकता है। इन कामों में ज़्यादा पूँजी की आवश्यकता नहीं होती। यदि आपके सामने प्रतिष्ठा का सवाल आता है, तो आप दूसरे शहर चले जाइए और यदि नहीं जा सकते तो फिर झूठी प्रतिष्ठा छोड़ दीजिए।

मैं, ऐसे दो लोगों को व्यक्तिगत रूप से जानता हूँ, जिनमें से एक ने तो जोधपुर से आकर इन्दौर में हाथ ठेला लगाया, बाद में धीरे-धीरे अपना व्यवसाय बदलता रहा और आज इन्दौर के प्रतिष्ठित व्यवसायियों में उसका नाम लिया जाता है।

दूसरे व्यक्ति ने आगरा से उज्जैन में आकर यहाँ फुटपाथ पर धार्मिक पुस्तकों तथा सिनेमा के गानों की क़िताबों की दुकान लगाई और आज वही व्यक्ति बहुत बड़ा पुस्तक विक्रेता बनने के साथ-साथ प्रकाशक और बिल्डर भी बन गया है।

अगर आप आत्महत्या करते हैं, तो उसके बाद आपकी पत्नी, बहन, और बच्चे का क्या होगा? आपकी बहन दुष्टों के हाथ पड़ सकती है, आपके रहते हुए तो उसका कोई कुछ नहीं बिगाड़ सकता। स्मरण रखिए, आप जिनकी व्यथा से पीड़ित होकर अपने जीवन को समाप्त करने जा रहे हैं, वही आपकी स्मृति को सबसे ज़्यादा धिक्कारेंगे। इसलिए आत्महत्या का इरादा दिल से निकालें और किसी पुरानी फ़िल्म का यह गीत, जो मोहम्मद रफ़ी ने गाया है, उसे याद रखिए :

ज़माना हँसे, भूल ऐसी न करना,
ये है बुज़दिली तेरा बेमौत मरना
ये मत भूल की तू बाप है और पति भी,
तेरे बाद मायूस वो ज़िन्दगी भी
तेरे बाद दुनिया में क्या होगा उनका
कहीं उनको जग में सहारा मिलेगा

उन्हीं के लिए मुस्कराकर जिए जा
बुराई के बदले दुआएँ दिये जा।

प्रकरण-3 : साथियों और मित्रों को क्या मुँह दिखाऊँगा

इस बार भी मैं पीएससी की प्रतियोगी परीक्षा में असफल हो गया। मेरी आशाओं पर तुषारापात हो गया। अब मैं अपने साथियों और मित्रों को क्या मुँह दिखाऊँगा, जिनके सामने मैंने गारंटी से कहा था कि इस बार मैं सफल होकर ही अपना मुँह दिखाऊँगा। आपने माँ-बाप के सामने भी अपना मुँह कैसे दिखाऊँगा जिनकी न जाने कितनी उम्मीदों पर मैंने पानी फेर दिया। मनुष्य जब तक ज़िन्दा रहे तो प्रतिष्ठापूर्वक अन्यथा जीवन को समाप्त कर देना अच्छा है और वही मैं करने जा रहा हूँ।

ज़रा रुकिए—जीवन समाप्त करने के पहले

प्रतियोगी परीक्षा में असफल होकर आपने कुछ भी खोया नहीं है। फिर व्यक्ति की सच्ची सफलता तो उसके प्रयत्नों में है, उसकी सांसारिक लाभ-हानि में नहीं। यह आप भी मानें तो अगली बार आप सफल हो सकते हैं। आप दीवार पर दाना लेकर रेंगने वाली चींटी को तो देखिए और सीख लीजिए।

यह परीक्षा तो जीवन की सच्ची परीक्षा नहीं है। कई बार तो परीक्षक की लापरवाही से ही आपकी सफलता, असफलता में बदल जाती है। ज़रा सोचिए तो आप, अपने जीवन को समाप्त कर बैठें और उधर गज़ट में संशोधन प्रकाशित हो जाए तो फिर आपके माता-पिता, आपके प्रिय मित्रों का क्या होगा। आपने अभी जीवन के पहले वसन्त में पहला क़दम रखा है। जीवन तो आपके लिए अब खुला है। इसलिए आत्महत्या करने का इरादा छोड़ दीजिए। आपने अपनी माँ को अपने जीवन का अन्त करके कितना बड़ा आघात पहुँचाने का इरादा कर रखा है क्या सोचा है आपने?

मत भूलिए—मैदान में हारा हुआ व्यक्ति फिर से जीत सकता है, परन्तु मन से हारा व्यक्ति कभी नहीं जीत सकता। आपका आत्मविश्वास ही आपकी पूँजी है, उसे बनाए रखें।

प्रकरण-4 : जीऊँ तो किसके लिए, अच्छा है मौत को गले लगा लूँ

हमारा छोटा-सा सुखी परिवार, हम पति-पत्नी और दो प्यारे बच्चे, लेकिन सड़क दुर्घटना में मेरी पत्नी और दोनों बच्चों की घटनास्थल पर ही मौत हो गई। यह मेरा दुर्भाग्य ही रहा कि मुझे मामूली चोटें ही आईं, मैं बच गया। मेरी हरी-भरी बगिया उजड़ गई। मैं अकेला रह गया। अब मैं जी कर क्या करूँगा, किसके लिए जीऊँ? क्यों जीऊँ? इससे अच्छा है क्यों न मौत को गले लगा लूँ और कष्ट से मुक्ति पा लूँ।

ज़रा रुकिए—मौत को गले लगाने के पहले

सड़क दुर्घटना में आपको छोड़ अन्य सभी यानी कि आपकी पत्नी और दोनों बच्चों की मौत हो गई। यह एक बड़ी दर्दनाक स्थिति है। ऐसे में आपके मन में यह विचार आना स्वाभाविक है कि मैं अकेला अब जीकर क्या करूँगा? क्यों न मैं भी मौत को गले लगा लूँ? लेकिन आपकी इस सोच पर आपको गम्भीरता से मनन करना ज़रूरी है। दुनिया में अनेकों लोग दुर्घटनाओं या अन्य कारणों से अकेले रह जाते हैं, क्या वे सभी मौत को गले लगा लेते हैं? नहीं।

बस यही बात सोचकर जो कुछ आपके साथ हुआ है, उसे विधि का विधान मानकर सन्तोष करना होगा। इसी सन्दर्भ में किसी शायर का यह कथन भी महत्त्वपूर्ण है :

सुख दुःख मन का अफ़साना है
वैसे अकेले ही आए हैं और
अकेले ही जाना है।
कैसा भी हो बन्धन, एक दिन टूट जाना है।

प्रकरण-5 : लिव इन रिलेशनशिप— मेरा जीवन तबाह कर दिया : सुषमा

मैं, राममोहन के साथ पिछले 6 वर्षों से लिव इन रिलेशनशिप में रह रही हूँ। हमारे इस रिश्ते से मेरे और राममोहन दोनों के परिवार वाले बेहद ख़फ़ा रहे हैं। मेरे माता-पिता को जैसे ही इस रिश्ते की भनक मिली थी वे तनाव में आ गए, उन्होंने मुझे बहुत समझाया कि बिना विवाह किये लड़का-लड़की का साथ-साथ रहना ठीक नहीं है। तुम्हारे इस क़दम से हमारी कितनी बदनामी होगी, तुम इसकी कल्पना भी नहीं कर सकती। हमारी प्रतिष्ठा धूल में मिल जाएगी। लोग तो हमसे यही कहेंगे कि तुम्हारी बेटी राममोहन की रखैल है। अगर तुम्हें राममोहन के साथ ही रहना है तो फिर शादी करके रहो ना। मैंने कहा कि राममोहन चूँकि दूसरी बिरादरी का है, वह अभी शादी इसलिए नहीं करना चाहता कि उसकी छोटी बहन की शादी में समस्या न आए, उसकी शादी के बाद राममोहन मुझसे शादी कर लेगा। मेरी बात से मेरे माता-पिता क़तई सहमत नहीं थे, उन्होंने तो इस रिश्ते का पुरज़ोर विरोध किया।

मेरे ऊपर माता-पिता के समझाने और विरोध करने का कोई असर नहीं हुआ, होता भी कैसे, मैं तो राममोहन की प्रेम दीवानी जो थी। मैं उसके साथ रहने लगी। मेरे परिवार वालों ने मुझसे पूरी तरह नाता तोड़ लिया। उन्होंने रिश्तेदारों से भी कह दिया कि हमारी लड़की हमारे लिए मर चुकी है।

लिव इन रिलेशनशिप में रहने के दो वर्ष बाद मैंने एक लड़के को जन्म दिया। उसके जन्म प्रमाण-पत्र में पिता के स्थान पर स्वयं राममोहन ने अपना नाम लिखाया।

लिव इन रिलेशनशिप में रहते हुए हमारे पाँच वर्ष तो अच्छे व्यतीत हुए, किन्तु अब एक साल से राममोहन के व्यवहार में परिवर्तन देख रही हूँ। वह मुझसे मुँह मोड़ने लगा है।

बातचीत में अपशब्दों का प्रयोग भी करने लगा है। स्थिति यह है कि वह ख़ुद भी मुझे रखैल कहने लगा है और एक दिन तो उसने कह दिया कि सुषमा तुम अपना आशियाना खोज लो।

इसी बीच मुझे जानकारी मिली कि राममोहन का उसके ऑफ़िस में ही कार्यरत उसकी जाति की एक तलाक़शुदा महिला से अफ़ेयर चल रहा है। वह उससे शादी करना चाहता है, इसमें उसके परिवारजनों की भी सहमति है।

ऐसी संकटपूर्ण विकट परिस्थिति में मैं क्या करूँ? कहाँ जाऊँ? मुझे कोई रास्ता नहीं सूझ रहा है। सिर्फ़ इसके कि मैं अपने बच्चे सहित सल्फ़ास की गोलियाँ खाकर अपनी जीवन-लीला समाप्त कर दूँ और मैं वही करने जा रही हूँ ताकि मैं सभी कष्टों से छुटकारा पा सकूँ।

ज़रा रुकिए—सुषमा जी!

आप ठंडे दिमाग से शान्तिपूर्वक निम्नलिखित पहलुओं से सोचिए :

आत्महत्या करने से आपको क्या मिलेगा? ऐसा करने से तो उलटे राममोहन, जो आपके साथ वादाख़िलाफ़ी कर, आपको मझधार में छोड़ दूसरी लड़की से शादी करना चाहता है, का रास्ता साफ़ हो जाएगा। क्या आप ऐसा चाहेंगी?

आप साहसी प्रवृत्ति की हैं। आपने माता-पिता के पुरज़ोर विरोध के बाद भी राममोहन के साथ लिव इन रिलेशनशिप में रहने का साहस दिखाया है, अब आत्महत्या की सोचकर कायरता और बुज़दिली न दिखाएँ।

आपको दुर्लभ मानव योनि मिली है जो दुबारा मिलने वाली नहीं है उसे व्यर्थ में न गँवाए। धार्मिक मान्यता के अनुसार आत्महत्या के बाद भी आपको कष्टों से मुक्ति नहीं मिल सकेगी। इसलिए आत्महत्या को महापाप की संज्ञा दी गई है।

आपके माता-पिता ने आपसे भले ही रिश्ता तोड़ लिया हो, लेकिन माँ-बाप का हृदय बड़ा विशाल होता है। वे अपने बच्चों की बड़ी-से-बड़ी ग़लती माफ़ कर देते हैं। आपको मुसीबत में देख निश्चित ही वे आपकी मदद करेंगे।

आपके सामने कोई आर्थिक परेशानी भी नहीं है, क्योंकि आप स्वयं सर्विस में हैं। अत: आप साहसपूर्वक समस्या का सामना कीजिए। राममोहन के क़दम का विरोध कीजिए। उसके न मानने पर किसी योग्य वकील की सलाह से आगे बढ़िए, लेकिन किसी भी हालत में आत्महत्या की ओर क़दम न बढ़ाएँ।

किसी ने क्या ख़ूब कहा है :

ज़िन्दगी में ख़त्म होने से जैसा कुछ नहीं होता
हमेशा एक नई शुरुआत आपका इन्तज़ार करती है।

प्रकरण-6 : माता-पिता ही हमारे दुश्मन बने हुए हैं

मैं, 22 वर्षीय राजपूत 21 वर्षीय ब्राह्मण लड़की से प्रेम करता हूँ। वह भी मुझे बेहद प्यार करती है। हम लोग वैवाहिक बन्धन में बँधना चाहते थे, लेकिन हमारे माता-पिता ही हमारे दुश्मन बने हुए हैं। वे प्रेम विवाह और अन्तर्जातीय विवाह के सख़्त ख़िलाफ़ हैं।

हमारे प्यार की भनक जैसे ही उन तक पहुँची वे भड़क उठे और उन्होंने चेतावनी दे डाली कि यदि ऐसा होता है तो वे आत्महत्या कर लेंगे। लड़की के माता-पिता का रुख भी इसी प्रकार का है। अब उन्हें कौन समझाए कि आज ज़माना बदल चुका है। फिर भी हम तो वयस्क हैं, पढ़े-लिखे हैं और साथ ही आत्मनिर्भर भी। अपना भला-बुरा हम सोच सकते हैं।

हमने मन्दिर में जाकर शादी तो नहीं की, लेकिन भगवान की मूर्ति के समक्ष हमने एक-दूसरे के साथ जन्म-जन्मान्तर रहने की शपथ ली है। हम नहीं चाहते कि हमारे माता-पिता ख़ुदकुशी करें, इससे तो यह अच्छा है कि हम दोनों साथ-साथ ख़ुदकुशी कर लें; इस जन्म में तो हम नहीं मिल सके, लेकिन अगले जन्म में तो मिल सकें। साथ ही हमारे माता-पिता को

भी सबक़ मिले कि बच्चों की भावनाओं से खिलवाड़ करना कितना भारी पड़ता है और दूसरे लोग भी जान सकें ताकि वे बच्चों की पसन्दगी के मामलों में टाँग न अड़ाएँ।

आत्महत्या कर कायरता और बुज़दिली न दिखाएँ—रास्ता है

आप दोनों आत्महत्या करने जा रहे हैं, ऐसा करना बुज़दिली है, कायरता है, ज़रा रुकिए। आपके सामने रास्ता साफ़ है, उस पर चलिए। यदि आप सोचते हैं कि साथ-साथ जीवन का अन्त करके आप अगले जन्म में मिल सकेंगे तो यह दुनिया की फ़िल्मी बात है, आपका भ्रम मात्र है। आत्महत्या करके अपने जीवन का अन्त करने वालों के लिए तो यह सम्भव ही नहीं है। देखिए इसी पुस्तक का 'आत्महत्या के बाद भी कष्टों से मुक्ति कहाँ?' शीर्षक वाला अध्याय।

प्राय: ऐसा देखा जाता है कि अधिकांश माता-पिता प्रेम विवाह और अन्तर्जातीय विवाह का शुरू में विरोध करते हैं, लेकिन जब उन्हें लगता है कि उनके विरोध का कोई असर होने वाला नहीं है तो वे यह कहते हुए सुने जा सकते हैं : 'बच्चों की ख़ुशी में हमारी ख़ुशी है, ज़िन्दगी तो उन्हें ही बितानी है, हमारी कितनी-सी ज़िन्दगी बची है।' और विरोध बन्द कर देते हैं। अगर आपके विवाह करने से वह नाराज भी रहते हैं तो उनकी नाराजगी थोड़े समय तक ही रहेगी, समय गुज़रने पर सब सामान्य हो जाएगा। जहाँ तक माता-पिता द्वारा आत्महत्या करने की चेतावनी या धौंस का प्रश्न है, वह केवल धौंस ही रहती है। आज तक किसी माता-पिता को उनके पुत्र या पुत्री द्वारा प्रेम या अन्तर्जातीय विवाह करने की वज़ह से आत्महत्या करते न देखा है और न सुना है।

अगर आप शादी करने जा रहे हैं तो बेशक निडर होकर करें। आपने प्यार ही तो किया है चोरी तो नहीं की, फिर डरने की क्या बात है। आपने मुग़ले आज़म का गाना ज़रूर सुना होगा :

जब प्यार किया तो डरना क्या
छुप-छुप आहें भरना क्या

प्यार किया कोई चोरी नहीं की
घुट-घुट के यों मरना क्या

प्रकरण-7 : आत्महत्या कर रहा हूँ—कर्ज़ की परेशानी के कारण

मध्यप्रदेश के टीकमगढ़ जिले के बाबाखेड़ा गाँव का 50 वर्षीय कृषक हज़ारी फाँसी के फन्दे पर लटकर अपनी जीवनलीला समाप्त करने वाला था। इससे पूर्व उसने घर की एक दीवार पर आत्महत्या का कारण लिखा : कर्ज़ की परेशानी। दीवार पर जो लिखा था, उस पर अचानक लोगों की निगाह पड़ गई, उसे बचा लिया गया।

हज़ारी धार्मिक प्रवृत्ति का किसान है। धामिक आयोजनों में वह बढ़-चढ़कर हिस्सा लेता है। गाँव में जहाँ भी कथा, भागवत, प्रवचन होते हैं, वह सुनने जाता है। उसने बताया कि 'वह कर्ज़ में पूरी तरह डूबा हुआ है। उसके ऊपर बैंक के अलावा साहूकारों का भी कर्ज़ है, उसे चुकाने में वह असमर्थ है। लोग कर्ज़ चुकाने के लिए बार-बार तक़ादा करते हैं, परेशान करते हैं। मेरे पास इस परेशानी से बचने के लिए आत्महत्या करने के अलावा कोई विकल्प नहीं है। फिर यदि आत्महत्या करके मरूँगा तो सरकार की ओर से कम-से-कम तीन लाख रुपये सहायता के रूप में मेरे परिवारजनों को मिल सकेंगे।'

जब हज़ारी की खेती से आमदनी तथा घर ख़र्च का हिसाब लगाया गया तो स्पष्ट हुआ कि उसे कर्ज़दार कर्ज़े ने नहीं बनाया, उसकी शराबख़ोरी और फ़िज़ूलख़र्ची की आदत के कारण वह कर्ज़दार बना है। यदि वह मितव्ययिता से रहता और शराब पीने की आदत पर थोड़ा कंट्रोल होता तो उसके परिवार का ख़र्च आराम से चलता रहता और उसके सामने आत्महत्या का प्रश्न उपस्थित नहीं होता।

उससे प्रश्न किया कि आत्महत्या करने से तुम्हें क्या मिलेगा? क्या तुम्हारे कष्ट दूर हो जाएँगे? तुम्हारे परिवार के सदस्यों पर क्या बीतेगी? तुम्हारे फाँसी लगाने के बाद तुम्हारे परिवारजनों को तीन लाख रुपये मुआवजा मिल भी जाता है तो क्या तुम्हारी क़ीमत केवल तीन लाख रुपये के बराबर है?

उससे यह भी प्रश्न किया गया कि तुम धर्म के प्रति आस्थावान हो, तुमने गरूढ़पुराण सुना होगा और भी धार्मिक प्रवचन सुनते रहते हो—क्या सभी में यह नहीं बताया कि आत्महत्या करना महापाप है? आत्महत्या करने वाले की गति नहीं होती, उसकी आत्मा 60 हज़ार वर्ष तक अवगति की अवस्था में रहती है?

हज़ारी सभी बातों को चुपचाप सुनता रहा। उसने किसी भी प्रश्न का उत्तर नहीं दिया, लेकिन वह अपना रोना नहीं रोक पाया और वह सुबक-सुबक कर रोने लगा। जब वह सामान्य हुआ तो उसने कहा कि भगवान की इच्छा से मैं आत्महत्या के महापाप से बच गया। मेरी अपनी जो कर्ज़ की समस्या है, मैं स्वयं उसका निराकरण करूँगा और भविष्य में ऐसे बुज़दिली के विचार मन में नहीं लाऊँगा।

प्रकरण-8 : मेरा जीना हराम हो गया, सब कुछ लुट गया

मैं, उज्जैन के नर्सिंग कॉलेज की पूर्व छात्रा हूँ। देवास का रहने वाला इक़रार शेख़ मेरा सहपाठी रहा है। नर्सिंग कोर्स की ट्रेनिंग के समय नोटबुक के आदान-प्रदान के दौरान उससे मित्रता हो गई। कॉलेज की फेयरवेल पार्टी के समय उसने कोल्ड ड्रिंक्स में नशीला पदार्थ पिलाया। नशे की हालत में उसने दुष्कर्म किया और वीडियो बना लिया। इसके बाद वह वीडियो दिखाकर ब्लैकमेल करने लगा। मेरे साथ दुष्कर्म करता और पैसे भी माँगता रहा। मैं सहमी-सहमी सब कुछ बर्दाश्त करती रही। अन्त में उसने मुझसे पाँच लाख रुपये

की डिमांड की अन्यथा वीडियो वायरल की धमकी दी। इस बात मैं बहुत घबरा गई, उदास रहने लगी, मेरा खाना-पीना बहुत कम हो गया। मेरी ऐसी हालत देखकर घरवालों ने बड़े प्रेम से मेरी उदासी का कारण पूछा तो मैंने उनके सामने पूरी बातें सच-सच उगल दीं। इसके पश्चात घरवालों ने पुलिस स्टेशन जाकर उस लड़के ख़िलाफ़ दुष्कर्म और ब्लैकमेलिंग की धाराओं में केस दर्ज़ कराया।

लेकिन इस घटना से मैं पूरी तरह से टूट चुकी हूँ। परिवारवालों का विश्वास खो चुकी हूँ। रिश्तेदारी और जाति बिरादरी में मेरी बदनामी हुई है, लोग मेरे ऊपर उँगली उठाने लगे हैं। मेरा जीना हराम हो गया है। मेरा सब कुछ लुट गया। अब मुझे जीने में कोई सार नहीं दिखता। आत्महत्या करने का विचार मन में बार-बार आता रहता है।

आपको आत्महत्या का अधिकार नहीं है—लेखक की सीख

यदि आप आत्महत्या करने का इरादा रखते हुए सोचती हैं कि आपकी ज़िन्दगी आपकी है और आप इसके साथ मनचाहा व्यवहार कर सकती हैं, तो आपकी यह सोच पूरी तरह ग़लत है, क्योंकि ज़िन्दगी आपकी नहीं है, यह आपके पास ईश्वर अथवा प्रकृति प्रदत्त धरोहर की तरह है, आप इसके केवल रखवाले हैं। जिस प्रकार एक सुरक्षाकर्मी उस घर का स्वामी नहीं बन सकता जिसकी सुरक्षा या देखभाल के लिए वह तैनात है, उसी प्रकार आप भी अपने शरीर के स्वामी अथवा मालिक नहीं हैं। आपके माँ-बाप ने इसका निर्माण किया है और समाज ने इसके अस्तित्व को बनाए रखने में इसकी सहायता की है, इसलिए किसी को भी यह अधिकार नहीं है कि ईश्वर की इस धरोहर को नष्ट करे। आत्महत्या व्यक्ति की बुज़दिली का सबूत है और इसीलिए इसे महापाप कहा गया है।

आप आत्मविश्वास के साथ अपनी आगे की पढ़ाई चालू रखें। आपके साथ जो हो चुका है, उससे आपके कैरियर मे कोई बाधा उपस्थित नहीं होगी और न ही आपके विवाह में।

आपके साथ जो घटित हुआ है वह पहली घटना नहीं है, ऐसी घटनाएँ आए दिन होती रहती हैं। अत: उसे भुलाकर आगे बढ़ें, सार्थकता से जिएँ और भविष्य में कभी आत्महत्या की बात ज़बान पर न आने दें।

प्रकरण-9 : लुटेरी दुल्हन ने मुझे कहीं का नहीं छोड़ा

मैं जैन समाज का 32 वर्षीय युवक हूँ। मेरी एक क़स्बे में जनरल मर्चेंट की दुकान है। परिवार में मेरी माता, एक छोटा भाई और एक छोटी बहन है। पिताजी का निधन हुए सात वर्ष हो चुके हैं।

मेरे विवाह के लिए मेरी माता जी विगत सात वर्षों से प्रयासरत थीं। इसके बावजूद भी कन्या पक्ष से कोई प्रस्ताव न आने के कारण वे बड़ी चिन्तित रहती थीं। सजातीय प्रस्ताव न आने का प्रथम कारण था कि जैन समाज में लड़कियों की कमी होना, दूसरे, लड़कियों का गाँव में जाना पसन्द न होना। अत: मेरी माता जी इस बात के लिए तैयार हो गईं कि विवाह के लिए कोई भी बनिया कम्युनिटी की लड़की चलेगी।

विवाह के लिए लड़की की खोज चल ही रही थी कि इस बीच एक दम्पती मेरे घर आए, उन्होंने अपना सरनेम गुप्ता बताया और कहा कि हम बनिया हैं। हमारा परिवार पूरी तरह शाकाहारी है, यहाँ तक कि हम लहसुन, प्याज तक का सेवन नहीं करते। उन्होंने बताया कि मेरे भाई की एक सुन्दर, सुशील, गृहकार्य में दक्ष और पढ़ी-लिखी लड़की है। यदि आपका मन बनता हो तो आप उसे देख सकते हैं, आगे की बात तो बाद में करेंगे। हम तो आतुरता से ऐसे प्रस्ताव के इन्तज़ार में ही थे।

अपने क़स्बे (गाँव) से लगभग 90 किलोमीटर की दूरी पर बसे शहर में लड़की को देखा। लड़की सभी को बहुत पसन्द आई।

लड़की के चाचा यह बात पहले ही बता चुके थे कि लड़की के पिता का निधन हो चुका है, उनके परिवार में केवल लड़की और माँ हैं।

लड़की पसन्द आने के बाद लड़की के चाचा ने कहा कि आपको दो लाख रुपये तो नगद देने होंगे, साथ ही शादी का ख़र्च भी उठाना होगा जो अधिक नहीं होगा, शादी बिलकुल सादे ढंग से करना चाहेंगे। हम उनकी सभी शर्तें मानने के लिए राज़ी हो गए।

पैसों का लेन-देन हो गया। विवाह भी सम्पन्न हो गया। लड़की को विदा कराकर हम अपने घर ले आए। लड़की सुन्दर तो थी ही बोलचाल और व्यवहार में भी अच्छी थी। उसने पाँच-छः दिनों में सभी का दिल जीत लिया। मेरी माता जी की वह लाड़ली बहू, मेरी छोटी बहन और भाई की चहेती भाभी बन गई।

हमारे घर में उसके आने से रोशनी आ गई। मेरी माता जी तो कहती कि हमारे पूर्वजन्म के पुण्य उदय होने के कारण ही हमें ऐसी लड़की मिली है। सुबह उठकर वह मेरी माता जी के पैर छूती और जैन धर्म की न होते हुए भी सभी से जय जिनेन्द्र बोलती।

मेरे विवाह के सातवें रोज़ हम सबको एक निकट के रिश्तेदार के यहाँ विवाह समारोह में जाना था, लेकिन लड़की के पेट में दर्द होने के कारण उसने जाने में अपनी असमर्थता दिखाई। अतः उसे अकेले छोड़कर हम सभी चले गए। उससे बोल दिया कि हम रात्रि के 9 बजे तक लौटकर आ जाएँगे, तुम चिन्ता मत करना।

रात्रि को जब हम लौटकर आए तो बहू घर में दिखाई नहीं दी, गोदरेज की आलमारी भी खुली हुई मिली। हम हक्के-बक्के रह गए। हम सोच भी नहीं पा रहे थे कि यह क्या हो गया।

बाद में समझ में आ गया। लड़की जेवर तथा 50 हज़ार रुपये लेकर रफू-चक्कर हो गई। हमने पुलिस में रिपोर्ट डलवा दी है, लेकिन उससे क्या होना है? भगवान जाने।

ऐसी विकट परिस्थिति ने तो मेरा मानसिक सन्तुलन बिगाड़ दिया है। अब तो मेरे लिए एक ही मार्ग शेष है, आत्महत्या कर परेशानियों से मुक्ति पाना। क्या करूँ?

- मेरी सामाजिक प्रतिष्ठा धूल में मिल गई है। हर एक की ज़ुबान पर मेरी चर्चा है, लोग मेरा मज़ाक़ उड़ा रहे हैं। समाचार-पत्रों ने बढ़ा-चढ़ा कर छापा है। प्रेस रिपोर्टर मेरे पास इंटरव्यू लेने आ रहे हैं। मैं तो अब मुँह दिखाने लायक भी नहीं रहा।
- मेहनत से कमाए मेरे पाँच लाख रुपये भी पानी में चले गए।
- मेरी माता का रो-रोकर बुरा हाल है, मुझसे देखा भी नहीं जाता।

आत्मघाती क़दम उठाने से पहले ज़रा विचार कीजिए

आपके न रहने पर आपकी माँ और छोटे भाई-बहन का क्या होगा? उनको सहारा देने वाला कौन है? आप तो आत्महत्या करके परेशानी से मुक्त होने की सोच रहे हैं, यदि आप ऐसा करते हैं तो यह एक तरह से उनकी भी हत्या करने के समान होगा।

जहाँ तक आपकी सामाजिक प्रतिष्ठा का प्रश्न है आपने किसी के साथ धोखा नहीं किया। छल, कपट नहीं किया, फिर आपको मुँह छिपाने की क्या आवश्यकता है। लोगों की ज़ुबान पर जो चर्चा है, दरअसल वह चर्चा आपकी नहीं, उस चालाक लड़की और उसके साथियों की है, जो कुछ समय चलकर ख़त्म हो जाएगी। जहाँ तक पाँच लाख रुपयों का प्रश्न है, आप व्यापारी हैं फिर से अर्जित कर सकते हैं। आपके विवाह का प्रश्न है, आशावादी बने रहिए, ज़रूर होगा। अतः आत्महत्या की बात मन से निकाल दीजिए।

क्या आत्महत्या की समस्या का समाधान सम्भव है?

आत्महत्या से सम्बन्धित उपर्युक्त प्रकरणों में उन समस्याओं और परिस्थितियों का उल्लेख है, जब जीवन में कोई उम्मीद नज़र नहीं आती, तब हिम्मत भी टूट जाती है, फिर एक ही समाधान नज़र आता है, वो है आत्महत्या!

उपरोक्त प्रकरण में उल्लेखित समस्याओं के समाधानों के लिए सुझाव दिये गए हैं। वे तार्किक, व्यावहारिक और नीतिसम्मत हैं। उन पर अमल करके पीड़ित समस्याओं से निज़ात पा सकते हैं। इनके अलावा भी कई प्रकार की समस्याएँ और परिस्थितियाँ हो सकती हैं जिनका समाधान न पाकर ग्रसित व्यक्ति आत्महत्या की सोच सकता है, परन्तु ऐसा नहीं है। इस दुनिया में ऐसी कोई भी समस्या नहीं है जिसका समाधान न हो। आज से कई वर्षों पूर्व कोलम्बिया विश्वविद्यालय के डीन स्वर्गीय हॉक्स का कथन था :

हर समस्या के लिए जगत में है उपचार, उसे तुम खोजो।

कुछ लोग ऐसे भी होते हैं जिन्हें खोजने पर उनकी समस्या का समाधान नहीं मिल पाता या न मिल रहा हो। दरअसल ऐसे लोग सतही खोज करते हैं गम्भीरता या गहराई से नहीं अन्यथा समाधान खोजना या पाना असम्भव नहीं। इस सन्दर्भ में कबीरदास जी का कथन कितना सटीक है :

जिन खोजा तिन पाइयाँ, गहरे पानी पैठ,
मैं बपुरा बूडन डरा, रहा किनारे बैठ।

प्रस्तुत पुस्तक आत्महत्या से सम्बन्धित हर समस्या, परिस्थिति, ग्रसित व्यक्ति की सोच और मनोस्थिति का निचोड़ है। मेरा पूरा विश्वास है कि यह पुस्तक आत्महत्या की बढ़ती हुई घटनाओं को रोकने में कारगर सिद्ध होगी। बस आवश्यकता है इसे गम्भीरता से पढ़ने और सुझावों को अमल में लाने की।

आत्महत्या के बाद भी कष्टों से मुक्ति कहाँ?

आत्महत्या कानूनी रूप से तो अपराध ही है, लेकिन धर्म भी हमें इसकी इज़ाज़त नहीं देता। अपने हाथों अपना जीवन समाप्त करना एक जघन्य अपराध है। जीवन एवं मृत्यु उस महान परमात्मा के हाथों होती हैं, लेकिन मनुष्य अपने हठ से स्वयं ही मृत्यु की बागडोर पकड़ना चाहे तो भगवान उसे दंड देते हैं।

विद्वान हैनरिक इब्सन ने कहा है कि मनुष्य का प्रथम कर्त्तव्य क्या है? उत्तर सीधा और संक्षिप्त है। वह अपने वास्तविक रूप को पहचाने, परन्तु वह ऐसा क्यों करे? क्योंकि वह प्रकृति की सर्वोत्तम कृति है। मनुष्य को बनाने के बाद परमात्मा ने अपने कृतित्व की पूर्ति समझ ली थी। अतः मनुष्य का कर्त्तव्य है कि वह अपने निर्माण स्तर को बनाए रखे यानी परमात्मा की अपेक्षाओं पर खरा उतरे, न कि आत्महत्या करके परमात्मा की इच्छा की उपेक्षा करे।

आत्महत्या करके लोग प्रकृति के विरुद्ध क़दम उठाते हैं। इनसान की मृत्यु होना एक स्वाभाविक प्रक्रिया है, लेकिन उसका एक निर्धारित समय होता है। बस तरीक़ा अलग-अलग होता है, लेकिन जो लोग इस नियम के विपरीत जाकर समय के पहले अपनी मृत्यु निर्धारित करते हैं उन्हें भला मुक्ति कैसे मिल सकती है?

आत्महत्या के बाद जीवन पहले से ज़्यादा कष्टकारी

हिन्दू धर्म में लिखा है कि आत्महत्या के बाद का जीवन पहले के जीवन की तुलना में ज़्यादा कष्टकारी होता है, क्योंकि हमारा सिर्फ़ शरीर मरता है।

शरीर के मरने से हमें शारीरिक दु:खों से मुक्ति मिल सकती है, लेकिन मानसिक तौर पर शान्ति नहीं।

आत्महत्या के बाद आत्मा अधर में लटक जाती है, न तो वह स्वर्ग या नर्क जा पाती है और न ही वह जीवन में वापस आ पाती है। बस हमारे बीच भटकती रहती है। ऐसे में वह अतृप्त होती जाती है। वह तब तक अपने स्थान पर नहीं जाती जब तक उसका समय नहीं हो जाता।

समय पूरा होने पर आत्महत्या करने वाला इनसान नर्क ही भोगता है। मान्यता है कि पृथ्वी पर जीवन हर किसी को नहीं मिलता। वर्षों की तपस्या के बाद किसी आत्मा को इनसान के रूप में पृथ्वी पर आने का मौका मिलता है, नहीं तो बार-बार किसी-न-किसी पशु या पक्षी यहाँ तक कि कीड़े, मकोड़े के रूप में पृथ्वी का हिस्सा बनना पड़ता है, लेकिन जब इनसान भगवान के विरुद्ध चलता है तो उसे सज़ा मिलती है। यही कारण है कि आत्महत्या करने वाले को नर्क हासिल होता है। माना गया है कि इस पूरे ब्रह्मांड में 14 प्रकार के स्थान हैं जहाँ मनुष्य रहता है। इसमें से 7 सकारात्मक स्थान हैं, बाक़ी 7 नकारात्मक स्थान हैं, जिन्हें नर्क कहा जाता है। जब कोई मनुष्य अपना शरीर छोड़कर आत्मा रूप धारण कर लेता है तो उसे पृथ्वी के अलावा अन्य 13 स्थानों में से किसी एक स्थान पर भेजा जाता है। उस इनसान को यहाँ कम से कम 60 हज़ार पृथ्वी वर्ष व्यतीत करने होते हैं। मान्यता है कि नर्क वह स्थान है जहाँ रोशनी की एक किरण भी नहीं होती। यहाँ पर दु:ख, पीड़ा, अन्धकार के सिवा कुछ भी हासिल नहीं होता। स्पष्ट है कि आत्महत्या करने के बाद भी कष्टों से मुक्ति नहीं मिलती।

अन्य धर्मों में आत्महत्या

इस्लाम में आत्महत्या को गम्भीर पाप माना जाता है। आत्महत्या करना एक दूसरे व्यक्ति की हत्या के मुक़ाबले एक बड़ी हत्या और पाप माना जाता है। कोई भी व्यक्ति आत्महत्या करता है, उसे अल्लाह दंडित करता है, क्योंकि यह निन्दनीय कार्य है और अल्लाह के कार्य में हस्तक्षेप है।

कुरान के अनुसार मानव जीवन पवित्र है। जीवन बिना किसी कारण नहीं लिया जा सकता और इस्लामी सिद्धान्त स्वाभाविक रूप से जीवन की

अच्छी देखभाल के लिए बाध्य है, क्योंकि यह सृष्टिकर्ता की ओर से एक उपहार है। सांसारिक कष्टों या ईश्वर की दया के बारे में निराशा जैसे कारणों से आत्महत्या सख़्त वर्जित है। यह एक गम्भीर पाप है। पैगम्बर मुहम्मद के अनुसार, कोई किसी भी तरह आत्महत्या कर लेता है उसे पुनरुत्थान के दिन दंडित किया जाएगा।

अब्राहम धर्म पारम्परिक रूप से आत्महत्या को ईश्वर के समक्ष किया जाने वाला पाप मानते हैं, क्योंकि वे जीवन की पवित्रता में विश्वास करते हैं।

बौद्ध धर्म में आत्महत्या को नकारात्मक कार्य समझा जाता है। वह मानते हैं कि कोई व्यक्ति ग़ुस्से में आत्महत्या करता है तो उसका पुनर्जन्म दुखदायी अवस्था में हो सकता है।

बौद्ध धर्म न केवल आत्महत्या करने वाले को ही दोषी मानता है, बल्कि आत्महत्या में सहयोग देने वाले को ख़ूनी मानता है। बौद्ध धर्म के अनुसार आत्महत्या करना ईश्वर के विश्वास का खंडन है।

यहूदी धर्म में आत्महत्या की निन्दा इस क़दर की गई है कि क़ब्रिस्तान में भी उसे अलग से दफ़नाया जाता है। उसकी क़ब्र पर शोक की रस्म अदायगी नहीं की जाती। यहूदी इसे पाप की श्रेणी में रखते हैं। उनका मानना है कि किसी भी प्रकार की दु:ख-पीड़ा से बचने के लिए मौत को गले लगा लेना उचित नहीं है। आत्महत्या के लिए किसी को मदद या सहायता देना भी वर्जित है।

क्रिश्चियन धर्म व्यक्ति के जीवन और मृत्यु में ईश्वर की भूमिका क्या है, इसे बताता है। उसका मानना है कि प्रत्येक व्यक्ति को अपने जीवन से प्रेम करना चाहिए, क्योंकि यह ईश्वर का उसे उपहार है और यदि वह आत्महत्या करता है तो इसका मतलब है कि वह ईश्वरीय उपहार का तिरस्कार कर रहा है। कैथोलिक चर्च यह भी बताता है कि जीवन नष्ट करके व्यक्ति ईश्वर के अधिकार का अतिक्रमण कर रहा है। अत: दु:ख-पीड़ा और अन्धकार के सिवा कुछ भी हासिल नहीं होता।

11वीं शताब्दी में इंग्लैंड में एक कानून बना था, जिसमें आत्महत्या करने वालों की सम्पत्ति ज़ब्त कर ली जाती थी और उसके शव को किसी ईसाई क़ब्रिस्तान में धार्मिक विधि से दफ़नाया नहीं जा सकता था।

यूरोप में उन दिनों आत्महत्या करने वालों के प्रति बहुत अनुदार दृष्टिकोण था। उनकी लाशें सड़कों के आस-पास कूड़े के ढ़ेर में दबा दी जाती थी, ताकि उन मरने वालों की बदनामी हो।

स्पष्ट है कि आत्महत्या कलंक है, आत्महत्या करने के बाद भी कष्टों से मुक्ति नहीं मिलती।

क्या आपको आत्महत्या का अधिकार है?

यदि आप आत्महत्या करने का इरादा रखते हुए सोचते हैं कि आपकी ज़िन्दगी आपकी है और आप इसके साथ मनचाहा व्यवहार कर सकते हैं, तो आपकी यह सोच पूरी तरह ग़लत है, क्योंकि ज़िन्दगी आपकी नहीं है, यह आपके पास ईश्वर अथवा प्रकृति प्रदत्त धरोहर की तरह है, आप इसके केवल रखवाले हैं। जिस प्रकार एक सुरक्षाकर्मी उस घर का स्वामी नहीं बन सकता जिसकी की सुरक्षा या देखभाल के लिए वह तैनात है, उसी प्रकार आप भी अपने शरीर के स्वामी अथवा मालिक नहीं हैं। आपके माँ-बाप ने इसका निर्माण किया है और समाज ने इसके अस्तित्व को बनाए रखने में इसकी सहायता की है, इसलिए किसी को भी यह अधिकार नहीं है कि ईश्वर की इस धरोहर को नष्ट करें। यह जीवन ईश्वर ने आपको भाग्यवश दिया है इसे क्षणिक आवेश में खो देना अपने प्रति अन्याय है, अक्षम अपराध है। ऐसा करना सर्वथा अमानवीय है, ईशद्रोह है इसलिए इसे महापाप कहा गया है।

सोचिए ज़रा :

लोग घबराकर कहते हैं कि हम आत्महत्या कर मर जाएँगे
मगर मरकर भी चैन न पाया तो फिर कहाँ जाओगे?

आत्महत्याओं की रोकथाम : सरकार एवं अन्य संस्थाओं द्वारा उठाए क़दम

राष्ट्रीय आत्महत्या रोकथाम रणनीति

केन्द्र ने देश में आत्महत्याओं की रोकथाम को लेकर पहली बार राष्ट्रीय स्तर पर रणनीति की घोषणा की है। केन्द्रीय स्वास्थ्य मंत्रालय ने 'राष्ट्रीय आत्महत्या रोकथाम रणनीति' जारी की। इसमें 2030 तक आत्महत्या से मृत्यु की दर में 10 प्रतिशत की कमी लाने का लक्ष्य है। इसके लिए समयबद्ध कार्य योजना और बहु-क्षेत्रीय सहयोग बढ़ाया जाएगा। जिला स्तर पर मनोचिकित्सक और मानसिक रोग विशेषज्ञों को नियुक्त किया जाएगा, जो आत्महत्या रोकने से जुड़ी सेवाएँ देंगे। तीन साल के भीतर प्रभावी निगरानी तंत्र स्थापित किया जाएगा। अगले 5 सालों में सभी जिलों में जिला मानसिक स्वास्थ्य कार्यक्रम से आत्महत्या रोकथाम सेवाएँ शुरू की जाएँगी। अस्पतालों में मनोरोगी बाह्य रोगी विभागों की स्थापना होगी। राष्ट्रीय आत्महत्या रोकथाम रणनीति में मानसिक कल्याण को एकीकृत करने का प्रयास किया गया है। अगले आठ सालों में सभी शिक्षण संस्थानों में आत्महत्या को रोकने से जुड़ा पाठ्यक्रम लागू किया जाएगा। आत्महत्याओं के लिए ज़िम्मेदार मीडिया रिपोर्टिंग और आत्महत्या के साधनों तक पहुँच को प्रतिबन्धित करने के दिशा-निर्देश विकसित किए जाएँगे। आत्महत्या रोकने के लिए विशेष रूप से जनजागरूकता कार्यक्रम भी चलाया जाएगा।

मध्यप्रदेश में सुसाइड प्रीवेंशन पॉलिसी

सुसाइड के मामलों में हो रही लगातार बढ़ोतरी को देखते हुए मध्यप्रदेश में सुसाइड प्रीवेंशन पॉलिसी तैयार की जा रही है। इसके लिए चिकित्सा शिक्षा विभाग की ओर से एक कमेटी का गठन किया गया है। इस कमेटी में देशभर के जाने-माने साइकोलॉजिस्ट के अलावा अन्य विषय विशेषज्ञों को शामिल किया गया है। कमेटी ने पॉलिसी बनाने का काम भी शुरू कर दिया है। इसकी पहली मीटिंग 7 जुलाई, 2023 को हो चुकी है। सरकार ज़ल्द-से-ज़ल्द पॉलिसी तैयार कराना चाहती है, ताकि इसी साल के अन्त तक इसे लागू किया जा सके। अगर ऐसा होता है तो मध्यप्रदेश सुसाइड प्रीवेंशन पॉलिसी लागू करने वाला पहला राज्य बन जाएगा।

साइकोलॉजिस्ट की मानें तो ख़ुदकुशी को 100 प्रतिशत रोका जा सकता है, लेकिन इसे रोकने की ज़िम्मेदारी समाज के हर स्तर पर होनी चाहिए। इसके लिए ज़रूरी है कि लोगों को बतौर सोशल गेटकीपर तैयार किया जाए। ऐसे लोग अपने आस-पास के लोगों में सोसाइडल प्रवृत्ति को पहचान सकते हैं। सोशल गेटकीपर, व्यक्ति को सुसाइड करने से रोकने में सक्षम नहीं होता, लेकिन सही समय पर मदद पहुँचाकर उसे बचा सकता हैं।

आई.आई.टी. : आत्महत्या रोकने के लिए मेंटल हेल्थ पर विशेष प्रोग्राम

भारतीय प्रौद्योगिकी संस्थान (आई.आई.टी.) के छात्रों में आत्महत्या जैसी घटनाओं को रोकने के लिए ख़ास पहल की गई है। शिक्षा मंत्रालय के अनुसार 2018 में आई.आई.टी. के 33 छात्रों ने आत्महत्या की है। ऐसे में संस्थानों ने छात्रों को अवसाद, होमसिकनेस, तनाव और भेदभाव के दबाव से निपटने में मदद करने के लिए वेलनेस सत्र, जागरूकता अभियान, मनोवैज्ञानिक मूल्यांकन प्लेटफ़ॉर्म और बाहरी ई-परामर्श सेवाओं की शुरुआत की है :

- **आई.आई.टी. मद्रास :** एक साल में चार छात्रों ने आत्महत्या की। इसके बाद यहाँ राज्य स्वास्थ्य विभाग के सहयोग से ख़ास मेंटल हेल्थ प्रोग्राम लांच किया है। कॉलेज फ़ैकल्टी के सहयोग से गेटकीपर सत्र भी आयोजित कर रहे, ताकि उन छात्रों की पहचान की जा सके जो तनाव से निपटने के लिए संघर्ष कर रहे हैं।
- **आई.आई.टी. भुवनेश्वर :** मनोवैज्ञानिक काउंसलर नियुक्त किये हैं।
- **आई.आई.टी. दिल्ली :** डीन आदित्य मित्तल ने कई मेंटरशिप प्रोग्राम शुरू किये हैं। इसमें व्यक्तिगत, शैक्षणिक और शिक्षाविदों या गैर-शिक्षाविदों से सम्बन्धित समस्याओं की पहचान कर उनका समाधान करने में सहयोग देना है।
- **आई.आई.टी. हैदराबाद :** विद्यार्थियों की मदद के लिए छात्र संगठनों से सहयोग का सनशाइन बड़ी प्रोग्राम चला रहा है।
- **आई.आई.टी. रूडकी :** मेंटल हेल्थ की चुनौती से निपटने के लिए 8 काउंसलर वेलनेस सेंटर बनाए हैं।

कोलकाता : 25 मेट्रो स्टेशन पर रखी जा रही बारीकी से नज़र, इससे ख़ुदकुशी रोकने में मदद मिली

कोलकाता मेट्रो के किसी भी स्टेशन के प्लेटफ़ॉर्म पर कोई आया है, पर वह मेट्रो में नहीं चढ़ रहा है तो कंट्रोल रूम से प्लेटफ़ॉर्म पर तैनात आरपीएफ़ को तत्काल अलर्ट किया जाता है, साथ ही उस व्यक्ति पर नज़र रखने को कहा जाता है। दूसरी या तीसरी मेट्रो आने पर भी वह सवार नहीं होता है, तब आरपीएफ़ जवान उस व्यक्ति से पूछताछ करते हैं। उन्हें ज़रा भी सन्देह होता है कि व्यक्ति ख़ुदकुशी के इरादे से आया है तो उसे स्टेशन मास्टर के कमरे में ले जाकर परिजनों को सूचित करते हैं। इस पहल से इस साल पाँच लोगों को जान देने से रोकने में मदद मिलती है। कोलकाता मेट्रो के मुख्य जनसम्पर्क अधिकारी कौशिक मित्रा बताते हैं, एक वक़्त ख़ुदकुशी की घटनाओं ने परेशान करके रख दिया था। इस कोशिश के बाद ब्लू लाइन यानी नॉर्थ से साउथ मेट्रो में ख़ुदकुशी के मामले घटे हैं।

ब्लू लाइन में रोज़ाना साढ़े 6 लाख यात्री आवाजाही करते हैं। दरअसल, इस मेट्रो के पुराने होने के कारण इस मेट्रो में प्लेटफ़ॉर्म स्क्रीन डोर नहीं है जिसके चलते लोग नज़र बचाकर ऐसी घटनाओं को अंजाम दे देते थे। मित्रा ने बताया कि मेट्रो के कंट्रोल रूप से ब्लू लाइन की कवि सुभाष से लेकर दक्षिणेश्वर तक 25 स्टेशनों पर सभी यात्रियों की हर गतिविधियों पर नज़र रखी जाती है। कंट्रोल रूम से जुड़े सूत्र बताते हैं, ऐसा ट्रेंड देखा गया है कि अगर कोई ख़ुदकुशी के इरादे से आता है तो बॉडी लैंग्वेज से पता चल जाता है। ऐसा व्यक्ति मेट्रो में चढ़ने के बजाय इन्तज़ार करता है। फिर मौक़ा देखकर वो घटना को अंजाम देता है। कंट्रोल रूम में मौजूद अनुभवी अफ़सर तुरन्त कार्रवाई कर जान बचा लेते हैं। कई बार कुछ लोग तबीयत ख़राब होने के कारण नहीं चढ़ते, तब उन्हें तुरन्त अस्पताल ले जाया जाता है और परिजनों को सूचित किया जाता है।

मित्रा बताते हैं कई बार व्यक्ति की हरकतों पर नज़र रखने का समय नहीं मिल पाता, क्योंकि वे प्लेटफ़ॉर्म पर आते ही छलाँग लगा देते हैं। ड्राइवर इमरजेंसी ब्रेक लगाते हैं और स्टेशन स्टाफ़ पावर ब्लॉक कर देता है। अगर व्यक्ति दूर गिरता है तो जान बच जाती है। ऐसे में उसे तत्काल अस्पताल पहुँचाया जाता है पर हाथ-पैर गम्भीर चोटिल हो सकते हैं।

अनहोनी रोकने के लिए इनोवेशन

मित्रा कहते हैं कि अनहोनी को रोकने के लिए कई तरह के जागरुकता अभियान चलाते हैं। शॉर्ट वीडियो दिखाकर व अनाउंसमेंट के ज़रिए भी जागरुक करने की कोशिश करते हैं। इसके अलावा ऑब्स्ट्रक्शन डिटेक्शन सिस्टम जैसे इनोवेशन भी लागू कर रहे हैं। मेट्रो रेल पुलिस के रिटायर्ड अफ़सर जगदीश जाना बताते हैं, 'सालाना ख़ुदकुशी के 25-30 मामले आते थे पर 10 प्रतिशत को ही बचा पाते थे। अब यह आँकड़ा बढ़कर क़रीब 70 प्रतिशत हो गया है।'

आत्महत्या रोकने के लिए—सेल्फ़ स्पेस प्रोग्राम

राकेश की एकाएक नौकरी छूट गई। सदमे से वह घोर निराशा का शिकार हो गया और मन में ज़िन्दगी ख़त्म करने के विचार आने लगे। पर सही वक़्त आने पर मनोचिकित्सक सलाह से वह रोज़मर्रा की सामान्य ज़िन्दगी में लौट चुका है। इसी तरह संगीता के पारिवारिक सदस्यों में नशाख़ोरी की लत बढ़ी, तो वह दुर्व्यवहार और घरेलू हिंसा की शिकार बनने लगी। पर मेंटल हेल्थ प्रोफ़ेशनल मदद से उसे हताशा से उबरने में मदद मिली। ऐसे ही लोगों की मदद में जुटी मुम्बई की नयना सभरवाल बताती हैं, 'आत्महत्या की कोई टेंडेंसी नहीं है। यह व्यक्ति के विचारों की निरन्तरता, योजना, तैयारियों और आख़िर में व्यवहार पर निर्भर है। बीते दो वर्षों में ख़ुदकुशी का मन बना चुके 600 से ज़्यादा लोगों को हमने 'सेफ़ स्पेस' के तहत क्राइसिस इंटरवेंशन से बचाया है।'

जोख़िम की पहचान करने के लिए डॉक्टरों, मनोवैज्ञानिकों, परिवारों और स्कूलों को प्रशिक्षित करना शुरू किया है। अब तक 60 से ज़्यादा मनोवैज्ञानिकों को प्रशिक्षित कर चुके हैं। छह लोगों की इस टीम का नेतृत्व कर रहीं नयना बताती हैं कि इसके लिए उन्होंने लन्दन से साइकोलॉजी एंड न्यूरोसाइंस में मास्टर्स किया, साथ ही 'सुसाइड फ़र्स्ट एड' मॉडल की ट्रेनिंग भी ली। ब्रिटेन, ऑस्ट्रेलिया और कनाडा जैसे देशों में ख़ुदकुशी रोकने के लिए यही मॉडल अपनाया गया है। नयना कहती हैं, "बीते कुछ माह में युवाओं में ख़ुदकुशी के मामले तेज़ी से बढ़े हैं। ख़ासकर महामारी ने मानसिक सेहत पर बहुत बुरा असर डाला है। इसी को ध्यान में रखते हुए क्राइसिस इंटरवेंशन प्रोग्राम चलाया। इसके तहत कॉल करने या किसी के माध्यम से सम्पर्क करने पर हमारी टीम ने उनकी मानसिक स्थिति का सटीक आकलन कर सही वक़्त पर उन्हें ख़ुदकुशी के ज़ोखिम से बाहर निकलने के लिए मार्गदर्शन किया।"

कैसे बदलते हैं मनोदशा : 'सेफ़ स्पेस प्रोग्राम' के तहत आत्महत्या के बारे में सोचने वाले लोगों को संकट से उबारने में टीम के सदस्य मदद करते हैं। नयना मानती हैं कि देश के किशोर ख़ासे स्ट्रेस में हैं और उनकी मदद करने वाले लोगों की कमी है। नयना बताती है, "हम पहले सुसाइड

करने की मनोदशा तक पहुँचे व्यक्ति को मोटिवेट करते हैं। उस व्यक्ति के लिए सुरक्षा उपाय योजना तैयार करते हैं। इसके बाद उसे मानसिक स्वास्थ्य पेशेवरों से जोड़ देते हैं। अन्तिम स्टेप में उन्हें फॉलो-अप लेने वाले संस्थानों के सम्पर्क में लाते हैं ताकि उनकी स्थिति की लगातार मॉनिटरिंग हो, साथ ही उनका ध्यान रखा जा सके। बकौल नयना, ख़ुदकुशी करने की ओर क़दम बढ़ाने वाले चेतावनी के प्राथमिक संकेतों की पहचान ज़रूरी है। टीम का पूरा फ़ोकस इसी पर रहता है।"

छात्रों का साइकोलॉजिकल टेस्ट

कोटा में मेडिकल और इंजीनियरिंग प्रवेश परीक्षा की तैयारी कर रहे छात्रों की हताशा रोकने के लिए कोटा प्रशासन ने हर 15 दिन में मनोवैज्ञानिक परीक्षण करने के निर्देश दिये हैं। इसके ज़रिये उन विद्यार्थियों का पता लगाने में मदद मिलेगी, जिनमें आत्महत्या की प्रवृत्ति पैदा हो सकती है। ऐसे में उनकी समय रहते काउंसलिंग की जा सकेगी। कोचिंग संचालकों के साथ प्रशासन की जिला स्तरीय बैठक के बाद यह निर्णय लिया गया है। कोटा कलेक्टर ओ.पी. बुनकर ने बताया, 'कोचिंग संस्थानों और होस्टलों में रहने वाले बच्चों की हर 15 दिन में साइकोलॉजिकल जाँच के निर्देश दिये हैं। कोटा शहर में जनवरी, 2023 से 05 सितम्बर, 2023 तक 25 आत्महत्याएँ हो चुकी हैं।'

आत्महत्या के सम्बन्ध में उपराष्ट्रपति का आह्वान

उपराष्ट्रपति श्री वैंकेया नायडू ने इंडियन एसोसिएट ऑफ़ प्राइवेट साइकेट्री के 19वें वार्षिक सम्मेलन में कहा कि वे देश में युवाओं, किसानों, महिलाओं द्वारा आत्महत्या की ख़बरों से परेशान हैं। उन्होंने आह्वान किया कि आत्महत्याओं को रोकने के लिए परिवार के सदस्यों, नीति-निर्माताओं और ग़ैर-सरकारी संगठनों सहित सभी हितधारकों के सामूहिक प्रयास की आवश्यकता है। उन्होंने कहा कि समय पर परामर्श और परिवार का सहयोग अवसाद पीड़ित लोगों को आत्मघाती क़दम उठाने से रोक सकता है।

सुप्रीम कोर्ट के चीफ़ जस्टिस का कथन

सुप्रीम कोर्ट के चीफ़ जस्टिस डी.वाई. चन्द्रचूड़ ने देश के विभिन्न शिक्षा संस्थानों में छात्रों द्वारा की जा रही आत्महत्या की घटनाओं पर चिन्ता जताई है। वे हैदराबाद स्थित 'द नेशनल एकेडमी ऑफ़ लीगल स्टडीज एंड रिसर्च' के दीक्षान्त समारोह में उन्होंने कहा कि सिस्टम में आख़िर कहाँ ग़लती हुई है कि विद्यार्थी ख़ुद की जान लेने के लिए मजबूर हो गए हैं। इस पर शिक्षण संस्थानों को विचार करना चाहिए। उन्होंने संस्थाओं से इस पर उचित क़दम उठाने की अपील की है।